論語是「世界最有影響100部著作」之一，
孔子是「歷史上最有影響的100人」之一。

論語是全世界
最有影響力的經典作品

論語今用

趙雪章 著

總序

《論語》及其對人生的指導價值

　　中國是一個有著五千年文明史的禮儀之邦，在它源遠流長的歷史長河中，曾出現過不少光耀千古的文化巨人，為我們留下了極寶貴的文化遺產。而其中的孔子及其《論語》對中華文化曾產生過深遠影響，直至今天，仍光芒四射。後人稱「半部《論語》治天下」，可見其價值之大。

　　《論語》者，乃為諸儒之討論，聖人之智慧也。《論語》是記載孔子及其學生言行的一部書，是研究孔子及儒家學說的主要著作，被譽為儒家至高無上的經典之作、中國古代的聖書，「猶如西洋耶教的《聖經》一樣」（林語堂語）。日本文學泰斗井上靖70歲時開始讀《論語》，被其精闢的語言所吸引，為之傾倒，讀得入迷，十多年來愛不釋手。

　　《論語》成書於戰國初期，它並不是由某一個人編著的，是孔子的學生及其再傳學生陸續整理、編輯而成，《論語》中有些篇章是孔子弟子所寫，有些篇章則出於他再傳弟子之手，其中包括曾參、子張、子夏、閔子騫的學生。書中收載了500多則有關孔子思想、言論和行為的片段紀錄，這些片段在後人的整理編輯過程中稍加分類，大體上分為20篇，形成了《論語》的基本框架。

　　《論語》流傳到漢朝，有三種不同版本：有《魯論語》（20篇），為魯人所傳，我們今天所見《論語》的篇目即由此

而定；《齊論語》（22篇），為齊人所傳，比前者多出《問王》、《知道》兩篇；《古文論語》（21篇），是漢武帝末年在曲阜孔子故居牆壁中發現的，篇目基本與《魯論語》相同，只將《魯論語》最後一篇《堯曰》中「子張問」以下一段單獨分篇。

西漢後期大臣張禹先後對兩個版本擇善而從，篇目以《魯論語》為主，編成一個修訂本。張禹曾為漢成帝擔任師傅，後封安昌侯，官位尊顯，所以他的修訂本很快流行於世，時稱「張侯論」。此後，到了東漢末年，鄭玄以《魯論語》為底本，參考《齊論語》和《古文論語》，在「張侯論」基礎上，編校成一個新的本子，並結合時政與自己的理解加以注釋。鄭玄的注本流傳後，《齊論語》和《古文論語》便逐漸失傳了。如今，鄭玄注也已經散佚，甘肅敦煌和新疆均曾出土唐代手抄的殘本。三國時人何晏彙集漢魏各家注解，作《論語集解》，是現在所見最早的完整注本。

以後各朝各代均有對《論語》的注釋版本，在總體上保持了該書的繼承性和孔子儒家思想的延續性。南宋朱熹作《論語集注》，其治學方法與漢唐諸儒不同，輕名物訓詁而重義理分析，為宋儒治《論語》的集大成著作，影響元、明數百年。清代劉寶楠《論語正義》集中反映了清人對《論語》的校勘研究成果，學術價值較高。近代，隨著白話文的普及，錢穆、楊伯峻等較早對《論語》的通俗化進行了嘗試，注釋簡明扼要，附有白話文翻譯和內容評述，做到了雅俗共賞，這可為一般讀者閱讀《論語》提供參考。

《論語》語言精煉而形象生動，是語錄體散文的典範。

在編排上,《論語》沒有嚴格的編纂體例,每一條就是一章,集章為篇,篇、章之間並無緊密聯繫,只是大致歸類,並有重複章節出現。也充分體現了該書是由多人參與編撰,凝聚了集體智慧的特點。

通觀全書,其論述方式並不完整、系統,感想隨事而發,顯得比較零星、散亂。然而另一方面,《論語》也顯示出了語錄體著作的獨特魅力,語言含蓄雋永,故事簡潔生動,往往能體現出一些長篇論述所難以表達的思想深度,折射出一些長篇論述所難以反映的人物個性和環境情趣。也正是由於《論語》編纂形式的靈活,使該書的表現內容大為增加,多方位、多視角地體現出了孔子的思想、性格、才能、趣味、生活環境和時代背景,有利於讀者全面、準確地了解孔子及其思想。

《論語》內容上以教育為主,包括哲學、歷史、政治、經濟、藝術、宗教等方面。從中可以看出許多當時社會的政治生活情況,看出孔子和他的弟子們的人格修養、治學態度和處世方法。

現代社會中,所流行的古語格言、警句,如「三人行,必有我師」、「是可忍也,孰不可忍也」、「有朋自遠方來,不亦樂乎」、「學而時習之」等等,皆出於《論語》。

《論語》是儒家的宣言,也是儒家的「聖經」,它的影響,可以說是經過了幾千年歷史的大浪淘沙,對中國甚至是全世界人們的影響,可以說是深遠的、根深柢固的,這種影響,表現在潛移默化中對世人觀念的左右。其基本觀點是齊家治國平天下的處世哲學,由此推廣到修身、養性、交友、

孝道、學習、思考、管理、人生觀、價值觀、世界觀等各個方面，其中，無處不閃爍著人生智慧的耀眼光芒。無論從思想價值還是從藝術魅力來評價，《論語》都是一部不可不讀的作品。

《論語》在世界範圍內也影響深遠，除了世界各地的華人推崇論語為主的儒家思想，世界各國各民族有著不同教育背景的人們也都由衷地欣賞這部歷史巨著，被稱為「世界最有影響100部著作」之一，其中孔子也被稱為「歷史上最有影響的100人」之一。

現代人眼中孔子的人格魅力

美國學者邁克爾‧哈特在其所著的《歷史上最有影響的100人》一書中，對孔子（名列第五）的評語是：「孔子學說只強調個人的責任而不是個人的權利。根據以這種哲學來保持國內和平繁榮所發揮的作用而論，大體說來，中國是地球上治理得最佳的地區。」由此可以想像孔子在世界範圍內影響之深。那麼，作為一名普通的華夏兒女，在當今這個飛速發展的時代，我們對這位聖人有多少了解呢？筆者建議，在了解聖人簡要生平的基礎

上,讓我們一起用現代人的視角欣賞一下其偉大的人格魅力,也從而去明白孔子及其學說、著作為什麼會有如此深遠的影響了。

孔子,名丘,字仲尼,春秋時魯國陬邑(今山東曲阜)人。關於其生卒年月,歷史上存在不同的說法,一般認為孔子生於西元前551年,死於西元前479年,享年七十三歲。孔子是儒家學派創始人,中國古代最著名的思想家、政治家、教育家,對中國思想文化的發展有極其深遠的影響。據孔子說,他的祖先本來是宋國的貴族,後因避宮廷禍亂而遷居魯國。孔子的父親叔梁紇是一名武士,曾以作戰勇敢,屢立戰功,躋身於貴族之列,但地位很低。叔梁紇在六十六歲左右與未滿二十歲的顏徵在結婚,後來生下孔子,取名「丘」。

孔子三歲時,父親便死去了,他與母親相依為命,跟著母親過著貧困的生活。孔子曾說:「吾少也賤,故多能鄙事。」(《論語‧子罕》)總之,少年時期的孔子,與母親艱難地謀生,不得不從事各種勞務。孔子年輕時做過「委吏」(倉庫保管員)、「乘田」(負責牛羊畜牧)一類的小吏。而正是在那樣艱苦的生活條件下,孔子勤奮好學,刻苦自勵,在「食無求飽,居無求安」的逆境中頑強就學,接受了良好的貴族教育,對傳統的禮、樂、射、御、書、數六藝十分熟悉。孔子天資聰穎,又極為謙虛好學,故而學識日進。

到30歲左右,已經以博學知名於世,得到了社會的認可,也就有了孔子「三十而立」的基礎。從那時開始,孔子開始收徒講學,傳授《詩》、《書》、《禮》、《樂》等古代文化典籍。他一方面對以前的文化、思想資料進行系統總

結,同時也結合春秋後期動盪不安的社會形勢,對一系列倫理道德和社會政治問題提出自己的看法,從而創建了儒家學派。因魯國內亂,孔子一度旅居齊國,曾向齊景公宣傳「君君臣臣父父子子」的社會理想,後來沒有被接受,再加上受到齊大夫的迫害而離開齊國。後仍回魯國收徒講學,門下弟子達三千之眾。孔子以「學而不厭、誨人不倦」的精神致力於教育事業,一直到他五十歲,這個時期是孔子辦學的一個重要時期。孔子五十歲時,被魯定公委任為中都宰(相當於縣長職權),後來還做過大司寇(主管司法,與司徒、司馬、司空三卿並列)。

五年後,由於與當時主宰魯國政權的季孫氏、叔孫氏、孟孫氏三家政治觀點不合,孔子離開魯國去周遊列國,希望在別的國家,尋找賢君明主來實現自己的政治主張。首先在衛國,衛靈君給予了優厚的待遇,但是不讓其參與政事,五年後衛國內亂,孔子離開後先後到過曹、宋、鄭,均沒有被收留;直到陳國才有故人幫助安頓下來,住了三年,也沒有實施其政治主張的機會。後來還去過蔡、楚等國。周遊列國的人生歷程中,他始終沒有得到機會參與各國的政治活動,也沒有找到賢明的君主來實現自己的政治主張,稍好的境遇是被供養起來裝點門面,更多時候是備受冷遇和迫害。在這段時間裏,孔子堅持不懈地進行治學和教育,與弟子們反覆探討人生、社會的重大問題,留下了不少著名的言論,《論語》中不少言論就是在那時成型的。

在西元前484年,經過大約14年的流浪生涯,那時孔子已經六十八歲,魯國季桓子的兒子季康子聽從了冉求的推

薦，厚禮聘請孔子回國。回國後的孔子，一邊將精力貫注於文化、教育事業，繼續培養學生，一邊對《詩》、《書》、《禮》、《樂》、《易》、《春秋》六部古籍進行再度刪訂，使之成為最後的教材定本。

晚年的孔子在魯國受到較高規格的禮遇，但仍沒有得到真正的重用。西元前479年，孔子病逝於家中。魯哀公專門寫了悼詞，弟子們為孔子舉行了隆重的葬禮，並守孝三年。

孔子自幼困苦，父母早亡；生活上也迭遭不幸，獨子孔鯉和兩個重要弟子顏淵、子路都先他而死；他一生追求理想，可總是四處碰壁；然而他「樂以忘憂」，「發憤忘食」，始終不渝地忠實於理想，贏得了學生與後人的忠誠敬仰與深情愛戴，為後人留下了寶貴的精神財富和文化遺產，留給後人對人生不盡的思索、啟示和智慧。

《論語·述而》稱：「子溫而厲，威而不猛，恭而安。」孟子說：「孔子，聖之時者也。孔子之謂集大成。」這是對孔子人格的一種概括，是出於其弟子對老師的一種發自肺腑的敬仰之言。顏淵對孔子更是讚佩：「仰之彌高，鑽之彌堅；瞻之在前，忽焉在後。夫子循循然善誘人，博我以文，約我以禮。欲罷不能，既竭吾才，如有所立卓爾。雖欲從之，末由也已。」（《論語·子罕》）從《論語》中這些言論可以清楚地看出，孔子的人格魅力很受弟子們崇

013

拜。經過了諸多歷史變遷，世俗觀念的碰撞，我們與先人相隔千年萬代，在這個經濟時代、資訊時代，站在今人的立場上，孔子的人格在很多地方同樣讓人讚賞。

〔魅力之一〕孔子是孜孜不倦的學者，在對古文化的繼承、整理方面「述而不作，信而好古」。他出身貧寒，但是勤勤懇懇，勤奮不怠，是自學成才的典範，學習是貫穿孔子一生的主題。他熟悉禮、樂、射、御、書、數六藝。正是通過刻苦的學習，孔子才掌握了淵博的知識，並授徒講學，成為一代教育家、思想家的典範。經過孔子的幾番努力，當時散佚的古典制度、歷史記載、文學藝術等終於得到彙集、整理，得以完整保存和流傳。孔子曾經在齊國與太師討論音樂，欣賞了《韶》音之後被其所吸引，然後孜孜不倦地學習，以致「三月不知肉味」，從中得到了極大的樂趣。孔子對學習要求極其嚴格，「學如不及，猶恐失之」(《論語‧泰伯》)，他常常擔心自己的學習不進則退，因此時時策勉自己。孔子學習時對外界要求不高，可以在「食無求飽，居無求安」條件下去學習。孔子還把學習作為終生的事業，在學習上不斷修養自己。孔子同樣教導自己的兒子孔鯉好好學習，特別要學習《詩》、《禮》。

除此之外，在對待自己兒子與別的學生上一視同仁，都是嚴格要求。可見，孔子把好學的精神也傳給了自己的後代。子曰：「十室之邑，必有忠信如丘者焉，不如丘之好學也。」(《論語‧公冶長》)可以明顯地看出，孔子把學習當作是一種很愉快、很榮耀的事情。

孔子主張「有教無類」，除奴隸以外，不分貧富、貴

賤、賢愚、種族和地區，任何人都可以入學。這種教學觀念衝破了宮廷的藩籬，與社會發生廣泛聯繫，擴大了人才的來源，從而推動了已經開始的文化下移運動，促進私學進一步發展，為戰國諸子蜂起，百家爭鳴開闢了道路。他還提倡「性近習遠」的教育理論。孔子最早探討了人性的問題，認為人的天賦素質是相近的，個性差異是後天習染造成的，只要獲得良好的學習條件，加上主觀的努力，都可以養成「君子」的品德。孔子注意學習傳統文化，其目的並不僅僅學習一些知識，而是通過學習來認識生命的意義，端正人生的態度，成就偉大的人格。

〔魅力之二〕孔子以「仁」與「仁政」為自己最大的理想追求。「仁」是儒家的中心學說，孔子把「仁」從人性與人際關係的立意上引伸到了「兼善天下」這一層次，強調要把內在的精神修養擴展出來而為他人、為天下做出貢獻。「樊遲問仁。子曰：『愛人。』」(《論語·顏淵》)孔子說：「夫仁者，己欲立而立人，己欲達而達人。」(《論語·雍也》)孔子周遊列國，授徒講學，無一不是在實踐自己的「仁善天下」的思想信仰。孔子為此付出了大半生的精力，他是真正的仁者。他對自己的「仁學」抱有極堅強的信念，矢志不渝。

他希望統治者實施「仁政」：「節用以愛人，使民以時」，反對對人民過分剝削、壓榨，而提出「富民、惠民」的主張。他又希望統治者「為政以德」，反對一味使用嚴刑峻法，而要先用嚴格的道德標準要求自己、以身作則，通過道德感化搞好政治。雖然在他的一生中沒有得以實施他的仁

政方針，但孔子思想體系的核心始終是「仁」。

孔子認為：自己要在社會上取得自立，在事業上順暢通達，也要幫助別人做到這樣。孔子的學生概括他的為人處世之道為「己所不欲，勿施於人」，體現出一種關懷互助和平等相待的人文主義精神。總的來說，孔子將「仁」看作道德的最高準則，也是道德的總體。儒家是講究積極入世的，尋求「有為天下」。在現世做出一番事業和貢獻是儒家夢寐以求的，孔子當然也不例外。可以說，孔子的所有作為都是以在社會上實現自己的人生價值為目的的，通過個人的努力來改造社會是孔子的理想。他對理想的執著追求值得推崇。

〔魅力之三〕孔子以親君子遠小人為修養要求。君子與小人是個人修養的不同境界，而不是像有人理解的出身貴族、富貴的人為君子，反之為小人。這不是由先天的條件決定的，而是個人的一種人生修養追求。在孔子心目中，君子是忠誠、具有責任心、愛護別人、嚴守信義、具有道德的人。孔子一生致力於教育，便是力圖在「性相近」的基礎上培養出越來越多的「君子」，以更好地影響教化小人，使得整個社會的教育水平、道德標準、人口素質提高。

〔魅力之四〕政治實踐中「知其不可為而為之」的精神追求。孔子的政治熱情與原則是由他的社會政治理想決定的。為了實現理想，必須進行社會實踐。孔子渴望有賢明的君主採納他的主張，而使其能夠推行仁政。可是這一機會一直等了許多年，直到五十歲的時候，孔子才第一次在魯國擔任行政職務，他非常認真負責，尊重國君和上級，廣泛採納下級的建議，力圖改變統治作風，改善社會風氣，顯示了孔

子管理國家軍事、政治、外交方面的能力。而在他試圖進一步推行社會改革的時候，由於他的主張與魯國貴族的利益發生激烈衝突，使其在與貴族的鬥爭中失敗，被觸怒的貴族集團不再相信孔子，將其置之政治活動之外。在接下來的時光中，他周遊列國，但是屢屢受挫。至終，他的仁政思想也沒有實現。「知其不可為而為之」是對孔子政治實踐的概括，也是對孔子忠實於理想的精神寫照。

〔魅力之五〕孔子在教育實踐中保持「有教無類」的教育理念。孔子是一位偉大的教育家，他的教育思想、教育方法、教育理念都堪稱歷史奇蹟，對後代的教育意義源遠流長。孔子的教育實踐遠遠比他的政治實踐成功。在講學和獨立輔導過程中，他鼓勵學生獨立思考，勇於創新，「學而不思則罔，思而不學則殆」，主張既要學習、掌握前人研究成果，又要獨立思考，分析辨別；要求學生能夠舉一反三，觸類旁通。

據說孔子有弟子三千，其中精通六藝者七十餘人。這批人在孔子死後繼續遊歷各諸侯國，推動了各國政治體制由貴族制向官僚制的過渡。同時，他們從不同側面發揮孔子思想、傳播古典文獻，為戰國時百家爭鳴局面的形成創造了條件。孔子通過四五十年的教學實踐，一方面教出了許多優秀的學生，桃李滿天下，另一方面也總結出了許多重要的教育經驗。

孔子重要弟子十五人：顏回，字子淵，通稱顏淵，魯（山東）人。比孔子小三十歲。《論語》中提到二十一次。顏回家境貧寒，而品德高尚，聰明好學，德才出眾，是孔子

最為器重的學生。可惜顏回早死,使孔子十分痛心。

　　仲由,字子路,卞(山東)人。比孔子小九歲。《論語》中提到三十八次。仲由是孔子所重視的學生,與孔子關係非常密切。曾在魯國與衛國任重要職務。

　　端木賜,字子貢,衛(河南)人。比孔子小三十一歲。《論語》中提到三十八次。端木賜聰敏善辯,忠於孔子,是當時經營商業的能手與楚策的外交家。孔子器重他僅次於顏回。

　　曾參,字子輿,魯(山東)人。比孔子小四十六歲。《論語》提到十四次。他注重修身,傳說著有《孝經》和《大學》。孟軻便是他的再傳弟子。

　　有若,字子有,魯(山東)人。比孔子小四十三歲,一說小三十三歲。《論語》中提到十四次。他曾提出「百姓不足,君孰與足?百姓足,君孰與不足」等著名論點,闡述發揮了孔子的思想。

　　冉求,字子有,魯(山東)人。比孔子小二十九歲。《論語》中提及十六次。冉求善於處理行政事務,辦事小心;曾因過分幫助有錢有勢的人而受到孔子的批評,但他對孔子始終還是尊敬、推崇的。

　　卜商,字子夏,衛(河南)人,比孔子小四十四歲。《論語》中提及十九次。卜商善於思考問題,擅長文學。曾提出「學而優則仕,仕而優則學」等著名論點。孔子死後,卜商到魏國講學,曾任魏文侯的老師。

　　孫師,字子張,陳(河南)人。比孔子小四十八歲。《論語》中提及二十次。孫師聰明好學而有些偏激自負。孔

 總序

子死後,他自立門戶,創立了「儒家八派」之一「子張之儒」的儒學流派。

言偃,字子游,吳(江蘇)人。比孔子小四十五歲。《論語》中提及八次。他擅長文學,實踐孔子的禮樂之治。孔子死後,言偃也是孔子學說的著名傳人之一。

公西赤,字子華,通稱公西華,魯(山東)人,比孔子小四十二歲。《論語》中提及五次。公西赤愛好學習禮儀,主持典禮;孔子認為他是稱職的。

宰予,字子我,魯(山東)人。《論語》中提及五次。宰予長於言辭,但思想、行為不夠謹嚴,曾使孔子失望。宰予後任齊國大夫,因參與政變事件被殺。

曾點,字皙,曾參之父。《論語》中提及一次。曾點舉止超逸,見解恬淡灑脫,曾為孔子所稱許。

冉耕,字伯牛,魯(山東)人。《論語》中提及二次。他以德行著稱,孔子甚為器重。後不幸患痳瘋病而死,孔子十分痛惜。

樊須,字子遲,通稱樊遲。齊(山東)人。比孔子小四十六歲。《論語》提及五次。他曾協助冉求大敗齊國軍隊,立有大功。

司馬耕,字子牛,宋(河南)人。他性情急躁,曾歎息自己沒有兄弟,以「司馬牛之歎」留名於世。

〔魅力之六〕孔子在知人論世方面,堅持全面、綜合的觀點。孔子看人不從片面出發,而是詳細地考察一個人,做出綜合評價。因此,孔子能看到一個人的不足,同樣也能看到一個人的長處,不把人一棍子打死。所以,孔子對一個人

019

的評價往往很恰當。孔子說：「視其所以，觀其所由，察其所安。」(《論語·為政》)

其中，最典型的是孔子對管仲的評價。孔子曾不滿地說：「管仲之器小哉！」並批評他不節儉、不知禮，這種批評的分量是很重的。但當子路認為管仲不仁時（因為管仲未死公子糾之難，反而做了糾的政敵公子小白的相），孔子極力為管仲辯解，認為管仲有仁的一面，並說：「管仲相桓公，霸諸侯，一匡天下，民到于今受其賜。微管仲，吾其被髮左衽矣！豈若匹夫匹婦之為諒也，自經於溝瀆而莫之知也。」(《論語·憲問》) 這段話中既有批評，又有讚美，可見孔子知人論世的視界是開闊的，眼光是較高的。在對管仲的評價上，孔子也批評了無條件忠君不知變通的行為，這一點很重要。因為我們據此可以知道，孔子看問題不是從一家一姓的興亡為出發點的，他看得更遠，注意到了從大局利益考察問題。顏淵是孔子非常欣賞的學生，孔子曾多次褒揚他。但孔子也指出：「回（顏淵）也，非助我者也，於吾言，無所不說。」(《論語·先進》) 孔子含蓄批評了顏回缺乏懷疑態度的精神。從中可以看出，孔子看一個人是深刻的，不因自己欣賞而去袒護他。這也表明孔子知彼知己、謙虛謹慎、不驕不傲。

目錄

總序 《論語》及其對人生的指導價值 ············· 007

第一章⊙仁愛之道 ··············· 025
仁愛是人類共同的價值追求,也是人之所以爲人的最本質的東西。人與人相愛是人類文明的一種標誌,是人際和諧、團結、協作的前提。仁愛是一種品德,更是一種智慧。

第二章⊙禮孝之教 ··············· 049
我們的民族是一個禮孝仁義的民族,「正心」、「修身」、「仁愛」、「正義」等內容幾千年爲人們所追求;崇禮、廉潔、盡孝、行義、知恥等歷來爲人們所傳道。爲了社會的和諧與進步,從我做起,做一個守禮知孝的人。

第三章⊙詩樂之律 ··············· 073
書籍是人類進步的階梯;書中自有黃金屋。我們常常會脫口而出:不會吟詩的民族是不懂得浪漫的民族,而不浪漫的民族是沒有活力的民族;書籍會給我們帶來不盡的智慧,詩歌會給我們帶來有品質的生活。

第四章⊙立身之則 ……091

古人說：「君子不可不修身。」又云：「正心以爲本，修身以爲基。」立身修養是做人的修養要則，是一個人學習、工作和生活的基本準則。做人做事都要有良好的品德，以德服人才能讓人心服口服。

第五章⊙治學之方 ……129

學乃聖人之術，不能濫竽充數，否則只能貽笑大方，治學者要謙虛和遜、儒雅睿智、目光平和而內斂。舉手投足間顯示智者的從容和學者的風範，要善於向身邊的任何事情學習，要適應時代的進步，此乃治學之方。

第六章⊙入道之門 ……153

入道在佛教中稱作入門修行，對我們普通人則是爲了立業成就一番事業。世態萬千，古人教導我們做一個內聖外王的人，指出那才是成功之道。

第七章⊙人和之要 ……187

天時不如地利，地利不如人和。用現代語言來講，好的人脈關係將使你在工作、生活、事業發展中，佔據主動，左右逢源。所以，提高我們的素質，以我們的人格魅力吸引別人，和別人做朋友，由此建立起自己鞏固的關係網是明智之舉。

第八章⊙知人之術 ⋯⋯⋯⋯⋯⋯⋯⋯219

智者是知人善任，尤其是善於識別人的人。「不知人之短，不知人之長，不知人長中之短，不知人短中之長，則不可以用人，不可以教人。用人者，取人之長，避人之短；教人者，成人之長，去人之短也。惟盡知己之所短而能去人之短，惟不恃己之所長而後能收人之長。」

第九章⊙論世之觀 ⋯⋯⋯⋯⋯⋯⋯⋯247

人是社會的組成部分，擔當一定的社會角色，要養成一種立身的原則：我們要把我空掉，放棄一些令人升起分別對待的價值觀，如此的處世之態，才能優遊自在地與自然同在！

第十章⊙治國之法 ⋯⋯⋯⋯⋯⋯⋯⋯265

古人云：「修身以齊家治國平天下」，可見治國平天下是人生最高的追求。誠然，不可能人人成爲治國的棟樑，但我們的事業同樣需要用治國之法去實施管理。古人的治國之法中無不滲透著管理的智慧。

論語的人生智慧

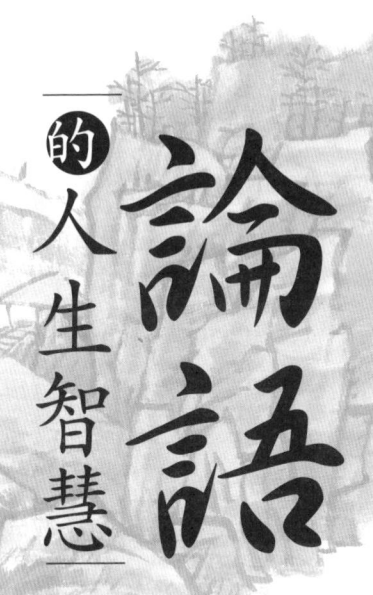

第一章
仁愛之道

仁愛是人類共同的價值追求，也是人之所以為人的最本質的東西。人與人相愛是人類文明的一種標誌，是人際和諧、團結、協作的前提。仁愛是一種品德，更是一種智慧。

【原文】

子曰：「君子上達，小人下達。」

【譯文】

孔子說：「君子心懷仁義，小人心懷財利。」

關於君子與小人，孔子認為其分別的關鍵在於有了仁德便為君子，否則便是小人。

在孔子看來，義與利是君子與小人的分水嶺，君子的本質是為人間大義而生存，而小人則為各種各樣的利益所驅使。

對此，應該從兩方面而言，一方面，用不正當的手段去獲得財富，這是君子所不為的。窮困和下賤，這是人人所厭惡的，用不正當的手段去躲避它，也不是君子所為。

關鍵是無論獲取錢財和地位，還是逃避窮困和下賤，都要有仁德之心。手段正當，而不能違背做人的道德。

從另一方面看，人生是離不開經濟基礎的，社會的發展把君子和小人完全以義和利來區別，容易把義與利對立起來，這種觀念並不利於商品社會的發展。

春秋時代，晉國有個大臣屠岸賈，本是晉靈公的寵臣。

靈公被趙家的人刺殺後，景公即位，升屠岸賈為大司寇，他要為靈公報仇，陰謀發動一次政變，奪趙氏之權，滅其族。

第一篇 仁愛之道

趙盾部將韓厥趕緊把這一消息告訴了趙盾的兒子趙朔。

後來,在韓厥的保護之下,趙朔懷有身孕的妻子即景公的姊姊,躲入宮中,倖免其難。不久生下男孩。

屠岸賈得知這一消息,到處搜緝小男孩,妄圖斬草除根。

趙盾生前一位忠實的門客,名叫公孫杵臼,在當日趙府被圍的時候,便約同門客程嬰一起殉難,程嬰說道:「趙夫人懷了孕,若生下男孩,我還得把他好好地撫養大;如果是女孩子,到時候再死也不遲。」公孫杵臼非常贊同程嬰的見解。後來聽說公主生的是女孩時,公孫杵臼大哭起來:「天呀!祢真的要滅絕趙家嗎?」程嬰卻勸他說:「未必可

【原文】
　子曰:「君子喻於義,小人喻於利。」
【譯文】
　孔子說:「君子懂得的是義,小人懂得的是利。」

《孔子聖跡圖》之論穆公霸

信，我先去打聽一下！」

於是，千方百計與公主取得聯繫，按當初約定，男孩為武，女孩為文。公主給他一張紙，上面只寫了一個「武」字。這時，二人方知公主所生是個男孩。等到屠岸賈搜宮一無所獲時，二人又商議救嬰兒趙武之事。

程嬰對公孫杵臼說：「這次他們雖未搜出，以後必定還會再搜！那可怎麼辦呢？必須想想辦法，把孩子偷出宮來，藏在遠方才保安全。」

公孫杵臼想了許久，問程嬰：「保全孤兒和以死報恩，哪一件事更困難呢？」

程嬰說：「當然是以死報恩容易，保全孤兒卻很難了。」

「那好極了，兄為其難，弟為其易，趙氏上代對你很好，那你就該勉為其難，擔當起保全孤兒的責任吧！」

「此話何意？有何計策？」

「只要能找到一個最近出世的嬰兒，冒充是趙氏的孤兒，由我抱往首陽山躲起來，你就去告密，屠賊搜到了假的，就不會再受威脅了。」

「那就再巧不過了，」程嬰說：「我的妻子也剛生下了一個男孩，和孤兒的生日相近，可以代替。但是，你犯了藏孤之罪，必定處斬，那⋯⋯」說到這裏，程嬰的眼淚禁不住簌簌地落下來。

公孫杵臼生氣了，說：「哭什麼？這是件大

事,也是好事。你立即去抱兒子過來,然後去找韓厥將軍,把孤兒設法安置好!」

程嬰收淚回家,在半夜裏,悄悄地把自己的兒子交給公孫杵臼帶往首陽山去,隨即前往面見韓厥,給他看看掌上的「武」字,又把公孫杵臼的計畫告訴了他。

韓厥大喜,便對程嬰說:「恰巧趙夫人有病,叫我去請一個信實的醫生,你只要能把屠賊騙到首陽山去,我就會設法把孤兒弄出來。」

計策安排妥當,程嬰就往屠岸賈處去告發:「只因自己和公孫杵臼是趙家門客,受趙夫人委託,祕密帶走趙氏孤兒,逃匿深山,恐日後事露,全家遭斬,因而,先行前來報告,可保全家性命,且可得到千金賞賜。」

《孔子聖蹟圖》之觀鄉人射

「孤兒現在什麼地方？」屠岸賈問。

程嬰視左右退出，然後悄悄地告訴他：「現藏匿在首陽山深處，務必要迅速行動，否則將逃往秦國去了，還要大夫親往，別人多與趙氏有交情，信賴不得！」

聽罷所言，屠岸賈大喜，親自率領三千甲兵，程嬰帶路，直奔首陽山去，山路崎嶇，陰暗幽僻，好一會兒才見有一茅屋。

程嬰說：「在這裏。」說罷敲門，公孫杵臼出迎，一見情形，回身便走。程嬰高聲喝道：「不要跑，屠大人已經知道了，特地親自來取，快把孤兒獻出來吧！」

士兵把公孫杵臼捆綁起來，去見屠岸賈。屠問：「孤兒安在？」

公孫杵臼氣憤憤地說：「沒有！」屠岸賈不理會，下令：「搜！」搜到壁室裏，見鎖著，就衝進去，裏邊很暗，只聽見有小孩子的哭聲，抱起來，見用錦繡裹著。

公孫杵臼一見，想要撲過去搶，卻被士兵們揪住。他就指著程嬰大罵：「程嬰，你真是混蛋，我和你同受趙氏之託，藏匿孤兒，想不到，你是個小人，居然出賣我，貪圖千金之賞，忍心斷絕了趙氏的血脈，你真是良心喪盡……」把程嬰罵得狗血噴頭，滿面羞愧。

「你死到臨頭還不知悔？」屠岸賈說：「快把

他殺了！」

「嚓」地一聲，公孫杵臼已應聲倒在了地下，身首異處。

屠岸賈接過孤兒，往地上一摔，罵道：「你趙家也有今日！」

孤兒變成肉餅之後，屠岸賈得意忘形地收兵回京去了。

當屠岸賈往首陽山搜孤的時候，城裏的檢查也就鬆懈了。

韓厥乘機託心腹之人扮成醫生，入宮給趙夫人治病，在藥箱上貼一個「武」字，趙夫人會意，診脈完畢，乃將孩子暗放在藥箱內，帶出宮去。韓厥即藏於密室，僱心腹乳母餵養。

後來程嬰將趙氏孤兒接回，既不領取千金之

《孔子聖跡圖》之匡人解圍

賞，又不願做屠岸賈的官差，拋棄家庭，背負著千百萬人的唾罵，養育趙武，教他學習，真可謂歷盡千辛萬苦。

十五年過後，趙武長大了。

景公要恢復趙氏的聲譽，韓厥乘機把冤情經過說出來，景公大怒，特許趙武雪冤，於是屠岸賈全家又被趙武殺盡。

程嬰在公孫杵臼捨身幫助下，巧妙地用自己的兒子換取了趙氏孤兒的性命，迷惑了屠岸賈，保護了幼主。

程嬰與公孫杵臼的義舉後來得到景公的嘉獎，也被廣泛傳頌，成為一段佳話。

孔子眼中的君子是那些胸懷天下大事，關注整個社會，而疏遠物質利益的雅士，而小人則是目光短淺，關注切身利益和個人得失的俗人。應該說，孔子的這種思想對以後中國的士階層的形成及思想特徵產生了重要影響。

第一篇 仁愛之道

【原文】
子曰：「放於利而行，多怨。」
【譯文】
孔子說：「依據自己的私利而行動，會招致很多怨恨。」

孔子義利觀的本質，就是說一旦義與利出現了非此即彼的尖銳對峙時，君子與小人的抉擇是截然相反的，並不是說義與利是永恒的對立雙方。如同孔子的貧富觀一樣，孔子更希望義與利能統一起來。如果有這樣一個社會，或者有這樣的一個人，行義必然能帶來利，謀利又完全合乎義，那無疑是最理想的。可惜的是，放眼現實，循義者往往不得利，得利者又往往不講義，致使孔子發出了這樣的感慨。

對私利的無盡追逐，在多半情況下會有害於他

《孔子聖跡圖》之孔子使楚

人，遭怨也就在所難免了。人的爭利是可以理解的，但一定要以義為準則，不僅要滿足自己適度的生存要求，還要顧及他人的存在。對大多數人來講，完全拋棄私利是不太可能的，但是，徹頭徹尾地「放於利」也是不可取的。

狄仁傑是唐王朝有名的宰相之一。他不僅很有政治方略，也有寬以待人的胸襟，為人們所敬仰。當武則天任命他做宰相時，曾對他說：「你當刺史時，政治清明，百姓能安居樂業，是一個很難得的地方官，可是還有人在朝中彈劾你，說你的壞話。我現在把這些人的名字告訴你，你今後對他們可要注意點。」

狄仁傑急忙答道：「不，不，請陛下千萬不要說出他們的名字。一個人最怕挾私怨，一旦挾了私怨，好人也可能看成壞人，如果知道誰彈劾過我，心中便免不了要生怨隙，若因此而不能公正地對人對事，就辜負了陛下的願望了！」

武則天聽後，覺得狄仁傑器量大，能容人，心地坦蕩，對他更加信任。在此後的宰相生涯中，狄仁傑一貫奉守著對人對事不挾私怨的原則，從沒有只圖泄一時的私怨，而不顧國家利益的事發生，盡

職盡責，成為大唐的一代名臣。

　　追逐個人利益本是人之本性中應有的內容，也是人類得以生存的主要基礎之一。孔子並不反對這一點，他的理想社會並不是由禁欲主義者組成。但是，孔子也敏銳地看出，如果個人都從個人利益出發行事，就會產生出災難性的惡果。正是在此意義上，孔子斷言：「依照私利而行的人，必定會多受埋怨和怨恨。」這裏的「放」字，古來有追逐、放縱、依照之意。所謂「放於利」，就是說一個人完全以私利作為自己的行為準則。依利而行的人之所以遭人怨恨，是因為個人利益不會永遠暢行無阻。

　　義利之辨並不是孔子的發明，這一思想古已有之，但在孔學中卻升至重要地位。而且，正是由於孔子的強調，這一思想才得到了普遍回應。

《孔子聖跡圖》之受饋分惠

【原文】

孟武伯問:「子路仁乎?」子曰:「不知也。」又問。子曰:「由也,千乘之國,可使治其賦也,不知其仁也。」「求也何如?」子曰:「求也,千室之邑,百乘之家,可使為之宰也,不知其仁也。」「赤也何如?」子曰:「赤也,束帶立於朝,可使與賓客言也,不知其仁也。」

【譯文】

孟武伯問:「子路的品行到達了仁的境界嗎?」孔子說:「不知道。」又問。孔子說:「子路可以做大將,不知他仁否。」「冉求怎樣?」孔子說:「冉求可以當市長,不知他仁否。」「公西赤怎樣?」孔子說:「公西赤可以當外長,不知他是仁否。」

孟武伯此次發問,大抵亦在孔子晚年歸魯之後,孔子所謂的「不知」,明顯是說「不是」,但這三位畢竟是自己的弟子,又為三家所看重,所以,不便明言其「非仁」。

對於孔子的答覆,孟武伯並不滿意,所以再問一次。孔子看他非要知道究竟,只好解釋道:「像仲由這樣的人,可以為一個諸侯國治理軍賦。說到是不是仁人,我卻不能斷言。」至於冉求和公西赤,孔子說:「冉求可以做卿大夫的大管家。公西赤呢?可以讓他穿上禮服,在朝廷之上接待賓客。」

在孔子心目中,仁人應該是那種能夠充分利用自己的條件而主動進行道德修養,並有道德創建的傑出人物,而這三位弟子,僅從《論語》的記載來看,還遠遠達不到這樣的要求。

就他們以共同感興趣的政治領域而言,子路在學的方面難有成就;冉求和子華不僅不是好學之徒,而且不願意遵從孔子的某些重要的政治原則。這樣,在他們的政治追求中,就難以貫徹孔子的德政原則,而一個不能以德為政的人,確實很難說是仁人。

值得注意的是，孟武伯不用孔子本人，但卻任用了他的許多弟子。三家任用孔子弟子的原因，除了他們都具備了孔子一手培養成的政治才能之外，更重要的是他們能夠堅持基本的政治操守。

易言之，他們雖然不能成為孔子心目中的仁人，但絕不會墮落為亂臣賊子，這一優點在當時的政治領域是相當難能可貴的。孟武伯之所以專挑此三子來問，原因也在這裏。

《孔子聖跡圖》之先聖小像

論語

人生智慧

【原文】

子曰：「我未見好仁者，惡不仁者。好仁者，無以尚之；惡不仁者，其為仁矣，不使不仁者加乎其身。有能一日用其力於仁矣乎？我未見力不足者。蓋有之矣，我未之見也。」

【譯文】

孔子說：「我沒有見過愛好仁德的人，也沒有見過厭惡不仁德的人。愛好仁德的人，那是最高尚、再好不過了；厭惡不仁的人，在實行仁德的時候，不讓不仁德的人影響自己。有能一天把自己的力量用在實行仁德上嗎？我還沒有看見力量不夠的。這種人可能還是有的，但我沒見過。」

人活在世界上，最重要的就是要有愛人的能力。富有愛心的人不但能夠讓身邊的人感受到溫暖，他自己的一生也必定是快樂而又充實的。

沒有付出過愛的人是可悲的，滿懷愛心的人是幸福的。

儒家學派對「仁」極力地推崇，不僅提倡「愛人」，而且還指出對那些不仁的人要敢「恨」。因為有愛則必然有恨，二者是相對立而存在的。我們只有做到了「仁」，才能夠樹立正確的愛恨觀。仁者愛正義，必恨不正義，不仁者未必恨不正義，也就未必愛正義。仁者的愛憎是公正的，不仁者的愛憎是私愛與私仇。

我們在社會環境中生活，一個很重要的修養就是需要懂得如何愛人、憎人。愛一個人需要有原因、有分寸、有標準，同樣，憎恨一個人也需要有原則。

愛人首先愛自己。首先，我們每一個人都要快樂地做好自己。

有的時候愛自己其實很簡單，充滿自信地活著，保持尊嚴地活著。每天快快樂樂地去工作，回家認真地為自己做一頓晚飯。換季的時候記得為自

己買一件新衣服，每天出門前對著鏡子中的自己笑一笑，留給自己一份好心情。

人活在世界上不是孤立的個體，還有我們的親人、愛人、朋友、同學、同事，他們與我們息息相關，我們要把愛給予他們，與他們共同分享快樂，承擔煩惱。只有愛他們，我們的心裏才會充滿陽光，在我們付出愛心的同時，也收穫了人世間最美好的真情。

包括對那些與你擦肩而過的陌生人，我們也要心存善意，一旦需要我們幫助的時候，我們也要以真誠的微笑，伸出援助之手。愛別人吧，付出永遠都要比索取快樂。

愛憎分明既是一種美德，也是一種痛快爽朗、酣暢淋漓的感覺，是一種快意恩仇的快意人生，是難得的人生境界。

【原文】

子曰:「參乎,吾道一以貫之。」曾子曰:「唯。」子出,門人問曰:「何謂也?」曾子曰:「夫子之道,忠恕而已矣。」

【譯文】

孔子說:「曾參啊,我講的學說是由一個基本的思想貫徹始終的。」曾子說:「是。」孔子出去之後,同學便問曾子:「這是什麼意思?」曾子回答說:「老師的學說,就是『忠恕』兩個字罷了。」

人生智慧

孔子特別強調個人道德修養,尤其是要養成仁德的情操。但在當時動盪的社會中,愛好仁德的人已經不多了,所以孔子說他沒有見到。這也從一個方面說明了在當時推行仁德的困難。但孔子認為,仁德的修養,主要還是要靠個人自覺的努力,因為要完全達到仁的境界,沒有相當的主觀能動性是無法做到的。

漢文帝是個有作為的皇帝,他敬重老臣陳平、周勃,得到了他們的有力輔佐。而陳平和周勃也互相尊重,互讓相位,成為以「謙讓」為做人之本的典範。

一天文帝到陳平家去探視。文帝如此關懷,使陳平非常感動。他對文帝講了心裏話:「皇上太仁慈了,可我對不起皇上的一片愛臣之心,我犯了欺君之罪呀!」

原來陳平並沒有病,是裝病。他不想當丞相,而要把相位讓給周勃。漢文帝問:「為什麼?」

事情的起因是,高祖劉邦在位時,為了保證漢朝宗室的傳承,規定「非劉氏者不得為王」。高祖死後,惠帝懦弱,呂后不顧高祖遺訓,又立呂氏家族子弟為王。使得諸呂勢力越來越大,劉家的勢力

卻日益衰微。呂后死後，諸呂結黨，欲謀叛亂，而周勃消滅呂氏集團，功勞比自己大，自己應該把丞相的位子讓給周勃，但是周勃不肯接受，認為消滅呂氏集團，功績首推陳平。陳平便假裝有病，不能上朝，想以此讓文帝有理由任命周勃為丞相，也使周勃義不容辭地擔起丞相職務。

陳平又誠懇地說：「高祖在時，周勃的功勞不如我；誅滅諸呂時，我的功勞不如周勃。所以我願意把相位讓給他，請皇上恩准。」

文帝本來不知消滅諸呂的細節，他是在諸呂倒臺後，才被陳平和周勃接到長安的。聽了陳平的解釋，才知周勃立下了大功，便同意陳平的請求，任命周勃為右丞相，位居第一，任陳平為左丞相，位居第二。

文帝對國家大事非常重視。一天上朝時，他問右丞相周勃：「現在一天的時間裏，全國被判刑的有多少人？」周勃說不知道。文帝又問：「全國一年的錢糧有多少，收入有多少？支出有多少？」周勃依然回答不上來，感到慚愧至極，無地自容。

文帝看周勃答不出來，就問左丞相陳平：「陳丞相，那你說呢？」陳平不慌不忙地回答說：「您要想了解這些情況，我可以給您找來掌管這些事的人。」

文帝問：「那麼誰負責管理這些事呢？」陳平回答：「陛下要問被判刑的人數，我可以去找廷

論語

尉，要問錢糧的出入，我可以找治粟內史，他們會告訴您詳細的數位。」

文帝顯得有些憤怒，說道：「既然什麼事都各有主管，那麼丞相應該管什麼呢？」

陳平毫不猶豫地回答：「每個人的能力都是有限的，不能事無巨細，每事躬親。丞相的職責，上能輔佐皇帝，下能調理萬事，對外能鎮撫四夷、諸侯，對內能安定百姓。丞相還要管理大臣，使每個大臣能盡到自己的責任。」

陳平回答得有條不紊，文帝聽了覺得有道理，連連點頭，露出了滿意的笑容。

站在一邊的周勃如釋重負，十分佩服陳平能言善辯，輔政有方，深感自己是個武夫，才幹在陳平之下。他回到家裏，心情久久不能平靜。他想，自己雖說平定諸呂有功，但是在輔佐皇帝、處理國政方面的才能不如陳平，為了國家百姓著想，還是應該讓陳平做丞相。於是周勃也假稱有病，向文帝提出辭呈。

漢文帝非常理解周勃的心情，批准周勃的辭呈，任命陳平為丞相以後不再設左丞相。陳平輔佐文帝，勵精圖治，促成了漢朝中興。

智者做人總能正確認識自己的才能並以自己的能力為基礎，懂得「力所不及」和「過極」的辯證法則。為人處世，若才能不及，不妨以謙讓為本，這樣才能保全自己、成全自己，也成全別人。

人生智慧

中國民間自古就有「劫富濟貧」的思想，可能就是孔子「君子周急不濟富」思想的演化，這也是從儒家「仁愛」思想出發的。孔子認為，需要周濟的只是窮人而不是富人。我們能看到孔子和冉求做人的不同觀點，孔子主張「雪中送炭」，把幫助給予最需要的人，而冉求卻是喜歡做「錦上添花」的事，十分功利，是一個典型的政客。

後來，冉求為季康子做事，季氏已非常富有，冉求還想辦法為他搜刮聚斂，而不顧百姓的死活，孔子對學生們說：「冉求已不是我的學生，你們可

【原文】

子釣而不綱，弋不射宿。

【譯文】

孔子只用竹竿釣魚，而不用網捕魚。只射飛著的鳥，不射巢中夜宿的鳥。

《孔子聖跡圖》之饋食欣受

以大張旗鼓地攻擊他。」沒有比周濟別人再直接表達仁愛的方式了。

世界上沒有絕對的平均，包括物質和精神，有的人擁有很多，有的人卻一無所有，有的人奢侈浪費，有的人卻食不果腹、衣不蔽體。所以，這樣的思想現在看來也是非常符合人道主義的。

雪中送炭和錦上添花同樣是一種高尚的行為，但是，前者更有意義，往往更令人敬重。因為，在任何社會中，窮人都是一個弱勢群體，他們在精神需求和物質需求上都是最需要幫助的，作為一個具有仁愛之心的人，我們理應在力所能及的前提下幫助他們。

明白了助人要「雪中送炭」而不是「錦上添花」之後，至於我們能在多大程度上幫助那些需要幫助的人，取決於我們的能力和我們的經濟水平。我們還不是一個富甲天下的富翁，該做的只要力所能及就是了。

人生智慧

【原文】
子曰：「剛、毅、木、訥，近仁。」

【譯文】
孔子說：「剛強、果敢、樸實、謹慎，是接近於仁的品德。」

「仁德」難道是空洞的道德信條嗎？不是，同時，仁德也不是消極的「臨難一死報君王」。那些做出大事業，為國家和民族帶來福祉，消除災難的人，才是真正的「仁者」。自殺殉節，除了能夠一表忠貞之外，與國無補、與民無益，無補於事，無補於國民。

管仲不死，反而為相，引導桓公走在正道上，以其坦誠和道德風範，再加上大國的威懾力，使齊國保持了四十年太平，人民得以安居樂業，中原文化得以保存和發展。這才是真正的「仁」。孔子這裏認為管仲幫助齊桓公召集諸侯會盟，不是依靠武力，而是依靠仁德的力量，值得稱讚。

在古今的歷史上，不少人為了社稷大業，捨生取義，得到歷史和後人的肯定，欽佩他們那種面對危險與挫折，不顧生命安危，為了尋求真理，不惜拋頭顱灑熱血的大無畏精神；但同時，我們更欽佩那些在危險和困難中生存下來的英雄，他們保全自己的同時，也為民族的前途和命運，為真理的實現，做出了大量有效的工作，從而引導民族和人民走出困境，過上幸福、和平的安寧生活。可以說，這樣的「仁義」是更大的「仁」。

論語

【原文】

　　子游曰：「事君數，斯辱矣；朋友數，斯疏矣。」

【譯文】

　　子游說：「在主管面前愛嘮叨，就會自取其辱；在朋友面前愛嘮叨，就會遭到疏遠。」

人生智慧

　　合於義則處，不合則去。基於這一原則，孔子說：「侍奉君主，如果太煩瑣促迫，就會招致恥辱。與朋友相處，如果太煩瑣促迫，便會導致關係疏遠。」

　　這就是說，如果想用過分親昵而不講原則的方法與君主和朋友相處，就會求榮而反辱，求親而反疏。確實有人總想用不正當的手段巴結君主，以謀取高官厚祿；對於朋友，也想以過分親近的方式，見惡而不止，見善而過分張揚，意欲密切相互關係。這種不合於道義的手段，如果遇上佞主或同類是會收到預想的效果。只是天長日久，難免敗露。

　　按照傳統的說法，「五倫」之中，父子、兄弟以天合，君臣、朋友以人合，夫婦之合兼有天人。

　　也就是說，父子、兄弟的關係是天生的，君臣、朋友則不然。正常的君臣關係是以義相合。

　　不過，對「數」字，歷來亦有許多不同解釋。其中之一是說，此「數」字乃是數落其過之意。也就是說，對君主和朋友，可以勸諫，可以忠告，但不宜當面列舉對方的過失，做過分的數落。還有說是計數自己的功勞，似乎也能成一家之說。再有一種解釋是說，「數」是多個或多次之意，也就是

說，一個人如果今天事奉這個君主，明天事奉另一個君主；或者今天與這個人交朋友，到明天又換了另一個人，這種變幻莫測，足以使其在政治中遭受恥辱，與人相交時被人疏遠。這些解釋雖然各有其故，但還是迂曲不通之處較多，難以完全成立。

《孔子聖跡圖》之射矍相圖

論語的人生智慧

第二章
禮孝之教

我們的民族是一個禮孝仁義的民族,「正心」、「修身」、「仁愛」、「正義」等內容幾千年為人們所追求;崇禮、廉潔、盡孝、行義、知恥等歷來為人們所傳道。為了社會的和諧與進步,從我做起,做一個守禮知孝的人。

【原文】

孝弟（悌）也者，其為人之本與！

【譯文】

孝順父母、順從兄長，這就是仁的根本啊！

人生智慧

在春秋時代，周天子實行嫡長子繼承制，其餘庶子則分封為諸侯，諸侯以下也是如此。

整個社會從天子、諸侯到大夫這樣一種政治結構，其基礎是封建的宗法血緣關係，而孝悌正反映了當時宗法制社會的道德要求。孝悌守禮與社會的安定有直接關係。

孔子認識到了這一點，所以他的全部思想主張都是由此出發的，他從為人孝悌就不會發生犯上作亂之事這點上，說明孝悌守禮即為仁的這個根本道理。當然，孝悌說是為封建統治和宗法家族制度服務的，對此應有清醒的認識和分析判別。

孝順父母，善事兄長，是一個人應該具備的道德修養，但是不能過分地強調卑者、弱者、地位低者的服從，否則，就會使道德成為「收拾弱者的手段」。

我們時刻都應該感恩父母，是他們給了我們寶貴的生命，從我們一出生開始就處在父母的關心、愛護之下。

想想自己從襁褓嬰兒漸漸長大，學著走路，牙牙學語，慢慢懂得了用自己的眼睛、耳朵來了解這個世界，到後來的長大、自立，這個過程中無不滲

透著父母辛勤的血汗。

孔子在這裏所提倡的孝悌是仁的根本,是周禮的重要內容。孝敬父母乃是人類最基本、最自然的德行,是我們中華民族乃至全世界各民族的共同道德觀。

世界首富微軟公司的總裁比爾‧蓋茨曾經說過這樣一句話:世界上什麼都可以等待,唯有孝順不能等待。

時間是不等人的,如果等到你真正擁有了孝順能力的時候,可能已經為時已晚,父母可能吃不動了也穿不了了,有的父母也許會遠離塵世。另外,對父母的愛更是人類一切愛的源泉,從愛父母開始,愛同學,愛朋友,愛集體,愛國家……我們漸漸懂得如何去愛。

反之,不孝則是人類最大的罪過,是一個人修養中最大的缺憾。

論語

人生智慧

【原文】

子曰:「弟子,入則孝,出則弟(悌),謹而信,汎愛眾,而親仁,行有餘力,則以學文。」

【譯文】

孔子說:「弟子們在父母跟前,就孝順父母;出門在外,要恭順師長。說話做事要謹慎,要誠實可信,寡言少語,要博愛眾人,親近那些有仁德的人。做到了這些還有餘力的話,就去學習文化知識。」

孔子辦教育,把培養學生的道德觀念放在第一位,而文化學習只是第二位的。

「行有餘力,則以學文。」一個人有沒有學問,學問的好壞,主要不是看他的文化知識,而是要看他能不能實行「孝」、「忠」、「信」等傳統倫理道德。

只要能做到了後面幾點,他就已經擺脫了自然本性的一些低級趣味和自私傾向。這樣的人,即使他說自己沒有學習過,但是他已經是個有道德修養的人了。

在今天,道德修養和文化知識同樣不可缺少,只有這樣,才能成為德才兼備的有用人才。

中華民族從來就是既重文品、更重人品的文明古國。「先做人,後做學問」,至今仍不失為治學訓條。

沒有一個正直的人品,就不能成為一個正直的學者。

而做人,首先要致力於孝悌、謹信、愛眾、親仁,培養良好的道德觀念和道德行為;然後才是學習古代典籍,增長文化知識。「世事洞明皆學問,人情練達即文章」。說的是可以從做人的體會中,

從人生的經驗中,掌握學習文化知識和做學問之道。只有這樣才不會讓讀書人成為讀死書死讀書的書呆子。這就是今天我們說的德育第一,智育第二的觀點。

義大利詩人但丁說:「一個知識不全的人可以用道德來彌補,而一個道德不全的人,卻難以用知識彌補。」

《孔子聖跡圖》之尼山致壽

【原文】

子夏問孝，子曰：「色難。有事，弟子服其勞；有酒食，先生饌，曾是以為孝乎？」

【譯文】

子夏問孝順父母的道理，孔子說：「（當子女的要盡到孝）最不容易的就是保持對父母和顏悅色，僅僅是有了事情，兒女需要替父母去做，有了酒飯，讓父母吃，難道能認為這樣就可以算是孝了嗎？」

人生智慧

孟子曾經說過，有骨氣的人，即使餓得快死了，也不會吃「嗟來之食」。所以，對父母除了衣食贍養之外，更應該敬之為先。

孔子所提倡的孝，體現在各個方面和各個層次，反映了宗法制度的需要，適應了當時社會的需要。一個共同的思想，就是不僅要從形式上按周禮的原則侍奉父母，而且要從內心深處真正地孝敬父母。這就是禮孝的核心問題。對父母盡孝的內容遠遠不只有身體健康。父母需要贍養，包括衣食住行等等，而這些又都是在尊敬基礎上的贍養。尊敬的具體形式，莫過於對他們和顏悅色，即使父母由於年齡和心態的原因，與時代的差距越來越大，思想也越來越比不上年輕人，與兒女之間思想上的衝突會越來越明顯，做子女的也不能因為這些而有意頂撞他們，而應耐心地、面帶笑容地與父母交流、勸說，最好能做一些讓父母由衷開心的事情。這也是我們做晚輩的，對父母最大的責任。

在這個物慾氾濫的時代裏，大千世界，芸芸眾生，人人都在追求幸福，然而幸福是什麼？幸福在哪裡？幸福就在自己的內心，在於內心的寧靜與澹泊，更來自父母健康的音訊當中。

第一篇 禮孝之教

歲月悠悠，紅塵滾滾，經過歲月的打磨，風雨的洗禮，我們在漫漫人生旅途中，從小苗漸漸長大，漸漸脫離父母的庇護。可就是在我們慢慢長大的同時，我們父母臉上的皺紋一天天多了起來，隨著歲月的流逝，他們的身體也慢慢不再有挺直的腰板，潤滑的肌膚，慢慢老了。

我們務必記住，年邁的父母身體健康更需要做兒女的精心呵護，如同兒時，父母精心呵護我們的成長一樣。我們求學時好好學習，工作後努力進取，這些事都不用父母操心，這本身就是對父母的孝敬！

【原文】

子游問孝，子曰：「今之孝者，是謂能養。至於犬馬，皆能有養，不敬，何以別乎？」

【譯文】

子游問什麼是孝，孔子說：「現在的人認為，能夠贍養父母便足夠了。然而，就是犬馬都能夠得到飼養。如果不存心孝敬父母，那麼贍養父母與飼養犬馬又有什麼區別呢？」

《孔子聖跡圖》之入平仲學

論語

【原文】

　　林放問禮之本。子曰：「大哉問！禮，與其奢也，寧儉；喪，與其易也，寧戚。」

【譯文】

　　林放向孔子請教「禮」的本源。孔子回答說：「你問的問題了不起啊！就禮節儀式的一般情況而言，與其奢侈，不如節儉；就喪事而言，與其儀式上治辦周備，不如內心真正哀傷。」

人生智慧

　　「與其易也，寧戚。」言簡意賅，但道理深刻，它啟示我們：要真正讓別人認可你的務實高效、知書達理，最好做到內外兼修，如果你是一位修養很好的人，最好能夠通過合適的禮節表達出來，不要過於鋪張浪費。

　　裴俠，河東解地人。生活在北魏孝文帝到西魏、北周時期。裴俠一生忠於職守，從不被物欲誘惑。他雖身居高位，但生活非常儉樸，每日粗茶淡飯，與平民百姓的生活水準相當。裴俠離任時，郡內錢財分文不取，老百姓都非常懷念他，特地編了歌謠稱讚他說：「肥鮮不食，丁庸不取，裴公貞惠，為世規矩。」

　　但對裴俠的卓爾不群，潔身自守，也有人不能理解，甚至進行諷刺挖苦。裴俠的堂弟裴伯鳳、裴世季都在朝廷做官，見裴俠兩袖清風，家無餘財，就勸他說：「人生一世，功名利祿都要享受，像你這樣一心為公，何苦呢？」

　　裴俠嚴肅地說：「清廉是做官的本分，節儉是立身的基礎。何況我們是大家族，清廉的美德世代相傳。我們也因此才能在活著的時候，為朝廷所稱譽；死了以後，能流芳於史冊。如今，我沒有多大

才幹，卻承蒙朝廷厚愛，委以重任。我自安於這種清貧的生活，並不是為了獵取美名，目的在於修身養性，同時也害怕有損前輩的清名啊！」一席話說得兩個堂弟羞慚而退。

裴俠晚年身患重病，臥床在家。大司空宇文貴、小司空申徽前來探視，見裴俠住的草屋透風漏雨，非常吃驚。

兩人回去後，如實上奏皇上。皇上憐惜裴俠貧苦，又以其功大，乃為起宅，並賜良田四十頃，奴隸、耕牛、糧粟，莫不足備。

裴俠是否接受了這些賞賜，史書上沒有記載，不過，裴俠奉公守節一生，此時已身染重疾，受與不受，都在情理之中。

裴俠真乃一大丈夫也，面對高官厚祿，他能堅

《孔子聖跡圖》之命名榮貺

論語

持不受；面對別人的貪污斂財，他又能嚴格查辦，始終立於欲海之外，自制自節，修身養性，位高不自恃，清貧不自憐，彷彿樂在其中。

無論你身居高位還是家財萬貫，或者才華橫溢身分特殊，都不要忘記「禮」的本源，要把自己擺在與別人平等的位置上，要讓自己言行一致，要懂得謙虛，要誠心誠意。

《孔子聖跡圖》之子羔仁恕

第二篇 禮孝之教

人生智慧

按照周禮的規定，周天子每年秋冬之際，就把第二年的曆書頒給諸侯，諸侯把曆書放在祖廟裏，並按照曆書規定每月初一來到祖廟，殺一隻活羊祭廟，表示每月聽政的開始。當時正處在禮壞樂崩的時代，魯國國君已經不親自去祖廟舉行「告朔」之禮了，這種禮儀也已經成為形式。所以，子貢提出去掉「餼羊」。

對此，孔子大為不滿，對子貢加以指責，表明了孔子維護禮制的立場，他還是深深地眷戀著古代的禮儀，認為即便是一個形式，也是古禮的遺留，他不忍心丟棄。

我們不知道孔子師徒的爭執如何解決，但我們可以獲悉：禮的維護與堅持是需要代價的，如果禮儀這種東西按照子貢那樣簡化下去，到最後，那古禮也就煙消雲散了。

在很多時候，保留一個形式，哪怕只是個空殼的，對人也是一種約束，一種提醒，也保留著一種象徵的意義。提示我們對於一種文化、政治與道德上的價值，我們可以忽視，但不能遺忘，更不能否定，在關鍵時刻，這些東西是我們一種道義上的支撐。

【原文】

　　子貢欲去告朔之餼羊。子曰：「賜也！爾愛其羊，我愛其禮。」

【譯文】

　　子貢提出去掉魯國每月初一日告祭祖廟用的活羊。孔子說：「賜，你捨不得那隻羊，我卻捨不得那個禮。」

059

論語

　　在今天，多少人在原則面前絞盡腦汁：究竟是遵守還是放棄？的確，維護和遵照一定的原則，在很多時候，我們就需要放棄一定的利益。所以，很多朋友時時感歎：為責任而活著很累。

　　回到現在，年輕人的自我意識日益突出，原則的東西越來越少，原則也越來越靈活，姑且不論好壞，但有一點，不論你想做什麼樣的人，走什麼樣的路，都不應該去做損人的事情，不能使自己的幸福建立在別人的痛苦之上，這應該是做人最起碼的原則。

《孔子聖跡圖》之哀公立廟

禮孝之教

人生智慧

愛父母，是天經地義的事情。用愛的心去對待身邊的每一位長者，也會帶給我們無窮的快樂。俗話說，付出的時候總比索取時快樂。

一個女孩兒到日本留學，在語言學校的附近每天都能看到一位日本阿婆去買報紙。有一天早晨，這個女孩兒看到老太太在買完報紙往回走的時候，忽然跌倒了，她將老人送到了醫院。就這樣這一老一少相識了，後來女孩兒搬到了阿婆家去住。阿婆獨身一人，身體非常不好，有嚴重的心臟病。一年後的一天，阿婆上洗手間時突然昏倒，醫院說要做

【原文】
子曰：「父母之年，不可不知也。一則以喜，一則以懼。」

【譯文】
孔子說：「對於父母的年紀，不可不知道並且常常記在心裏。一方面為他們的長壽而高興，另一方面又為他們的衰老而擔心。」

《孔子聖跡圖》之孔母祈福

心臟搭橋手術,否則有生命危險。可是手術的費用非常高,這個女孩兒連夜敲了幾個同學的門,總共借了70多萬日元,終於讓阿婆順利地上了手術臺。

手術之後,阿婆的身體每況愈下。有一個晚上,阿婆將女孩兒叫到床前說:「妳照顧我一年多,真是非常感謝妳,我不知道該怎麼報答妳,想送給妳一件東西。」阿婆從手指上摘下一枚鐵指環,她說:「這枚指環是祖母留給我的,是她出嫁時的陪嫁。雖然不值錢,也算一樣禮物,給妳做個紀念吧!」她還叮囑女孩兒,千萬要戴在無名指上,千萬不能丟。第二天,阿婆就去世了。

阿婆去世後,阿婆的兩個孩子把女孩兒告上了法庭,要求繼承母親的遺產。阿婆唯一的財產就是那枚鐵指環,她的房子是社會福利機構提供的,去世後就被收回去了。女孩兒贏了官司,但她在法庭上還是把那枚鐵指環遞給了阿婆的兒子,那個兒子看了看這枚黑黑的指環,氣急敗壞地將它扔在地上,揚長而去。而女孩兒將指環拾起來,戴在無名指上。

後來一個偶然的機會,這個女孩兒才知道,這枚指環表面上故意鍍了一層氧化鐵,看上去是一個非常粗糙的鐵指環,實際上它是一枚重量很大、價值昂貴的鑽戒,而且歷史很悠久。善良的中國女孩兒用自己的愛心溫暖了一個孤苦無依的日本老人,最後她的愛心也得到了回報。

第二章
禮孝之教

沒有一份愛會遺失人間,所有的愛都自有它的因果。如果人人都能獻出一點點的愛,這世界將變成美好的人間。這不是一句普通的說教,這是人類最美麗的語言。

那麼我們的父母呢?我們的親人呢?我們的朋友呢?我們是如何愛他們的?在父母為我們操勞了一輩子之後,我們是不是應該在回家早的那一天,為他們煮一頓飯?節假日的時候,是不是應該抽出時間陪著親人逛一次公園,去一次菜市場?那些很久沒有聯繫的朋友,你有多長時間沒有問候過?

《孔子聖跡圖》之漢高祀魯

論語

【原文】

子曰：「奢則不遜，儉則固。與其不遜也，寧固。」

【譯文】

孔子說：「奢侈了就會傲慢越禮，節儉了又會顯得寒酸。與其傲慢越禮，寧可寒酸。」

人生智慧

春秋時代各諸侯、大夫等都極為奢侈豪華，他們的生活享樂標準和禮儀規模都與周天子沒有區別，這在孔子看來，都是越禮、違禮的行為。儘管節儉就會讓人感到寒酸，但與其越禮，則寧可寒酸，以維護禮的尊嚴。

孔子堅持，寒酸只損害自己的形象，傲慢不守禮節則會傷害別人的感情。很顯然的，後者的傷害更為嚴重，因此，寧可寒酸，也不要傲慢、不懂禮節。

明末清初，博古通今、名揚四海的大學者顧炎武，因為知識淵博，所以向他請教的人不計其數，都以他為老師。

但是，顧炎武並沒有得意忘形。每當他遇到不懂的問題時，常常謙虛地向行家請教，沒有一點架子。

有一天，他遇見一位見解不凡的城內普通的私塾先生，名字叫張爾歧。顧炎武決定登門去拜訪。但是，他的朋友聽到這個消息後，紛紛上門勸阻，理由是：「你一個堂堂的大學者，怎麼能夠去向一個名不見經傳的教書匠請教呢？這樣做豈不是有悖禮節嗎？再說，一個小小的教書匠，又能有多大的

學問,向他請教,不是浪費時間嗎?」

聽了這些話,顧炎武只是笑了笑,他對朋友說:「你們不要以為張先生是一個教書的,就看不起他了,我前幾天親耳聽到過他在談論《禮》,他的見解給了我很大的啟發,其中還有許多觀點是我從來也不曾聽到過的呢。再說,就自己不懂的東西向別人請教,不管被請教的人地位的高低、身分的貴賤,不但不違背禮儀,而且是一種有禮的表現,孔老夫子早就有過這方面的教誨了。」

第二天一早,顧炎武就穿戴整齊,步行來拜訪張爾歧。

因為張住在城裏偏僻小巷裏,等他一路打聽來到張家的門前已是晌午時分,看到大門緊緊關閉著,他敲打了大約有一頓飯的工夫,也沒有人前來開門。

於是,他就坐在門旁邊的一塊大石頭上等待。當時天氣正熱,他又餓又熱,但還是靜靜地坐在那裏。一直等到太陽偏西,夜幕降臨了,他還是一動不動。

其實,張爾歧在聽到第一聲敲門聲時,就從門縫裏面看到來人是大名鼎鼎的顧炎武,但卻有心要考驗他。

張爾歧看到他一直等到了天黑,終於感動,打開門將他讓了進來,趕忙上茶,並準備飯食。當他聽到顧炎武說了來此的目的後,連聲說道:「不

敢、不敢，你是名聞朝野的大學問家，我怎能做你的老師呢？」

　　一個是誠懇地要求，一個是堅決地不從。最後兩個人決定以朋友相稱，互相切磋討論。從這以後，顧炎武就常常來到張爾歧破舊的住處。他就研究《禮》的過程中遇到的許多問題向張請教，結果大都得到了滿意的解答。因此，顧炎武後來在寫他的代表作《日知錄》時，就採用了不少張爾歧的觀點和見解。

　　顧炎武雖身為德高望重的學問家，卻依然知不足，知進取，不恥下問。

第二篇 禮孝之教

人生智慧

孔子對穿衣的要求有點過分，我們學習這些的目的不是為了傚仿古人近似古板的著裝要求，而是通過這些了解，穿衣也是禮的基本要求。況且，著裝在現代社會中是很重要的禮儀，工作裝、休閒裝、傳統裝等等，以及著裝的顏色搭配，都需要根據工作的場所、環境等具體區分，這樣可以贏得別人的尊敬，贏得上司、同事以及社會的認可。

現代社會中，職業男性為社會發展的中堅力量，在各行各業中扮演非常重要的角色。職業男士要注意自身著裝，翩翩的風度，優雅的風姿，穩重

【原文】

君子不以紺緅飾，紅紫不以為褻服。當暑，袗絺綌，必表而出之。緇衣，羔裘；素衣，麑裘；黃衣，狐裘。褻裘長，短右袂。必有寢衣，長一身有半。狐貉之厚以居。去喪，無所不佩。非帷裳，必殺之。羔裘玄冠不以吊。吉月，必朝服而朝。

《孔子聖跡圖》之職司委吏

論語

【譯文】

君子不用天青透紅和鐵黑色的布鑲邊，紅色或紫色的布不用來做貼身內衣。在暑天，穿粗的或細的葛布單衣，但一定要套在內衣外面。黑色的羔羊皮袍，配黑色的罩衣。白色的鹿皮袍，配白色的罩衣。黃色的狐皮袍，配黃色的罩衣。平常在家穿的皮袍做得長一些，右邊的袖子短一些。睡覺一定要有睡衣，要有一身半長。用狐貉的厚毛皮做坐墊。喪服期滿，脫下喪服後，便佩帶上各種各樣的裝飾品。如果不是禮服，一定要加以剪裁。不穿著黑色的羔羊皮袍和戴著黑色的帽子去吊喪。正月初一那天，一定要穿著禮服去朝拜君主。

矯健的儀態，能使自己在活動和職業交往中充滿自信，給人以大方得體，沈穩樸實之感，從而有助事業成功。

首先，職業男性著裝要注意整體效果，給人以沈穩、踏實、精明能幹的感覺。其次，要求能夠表現出自身能力和進取精神，並且現出權威感。再次，要求服裝自然、大方，但又不落潮流，避免穿著怪異或過於流行的服裝。最後，要求注意講究禮儀，在適當的時間、地點、環境和場合穿著適宜的衣裝，這是不可忽視的。

人生智慧

孔子是一個非常懂禮的人。孔子的做法還體現了對長者的尊敬,這也是我們值得學習的地方。現在不少年輕人狂妄自大,一副目中無人,在很多場合會讓人厭惡,這樣勢必會影響到年輕人的成長。

《三國演義》裏有一個禰衡,他第一次見曹操時,就把曹營中的文官武將貶得一文不值,比如「荀彧可使吊喪向族,荀攸可使看墳守墓,程昱可使關門閉戶,郭嘉可使白詞念賦,張遼可使擊鼓鳴金,許褚可使牧牛放馬,樂進可使取狀讀詔,李典可使傳書送檄,呂虔可使磨刀鑄劍,滿寵可使飲酒食糟,於禁可使負板築牆,徐晃可使屠豬殺狗,曹子孝呼為要錢太守。其餘皆是衣架、飯囊、酒桶、肉袋耳。」

禰衡說別人不行,卻認為自己是個能人,上可以致君為堯舜、下可以配德於孔顏。當曹操錄用他為打鼓更夫時,禰衡擊鼓罵曹,揚長而去。禰衡又去見劉表、黃祖,依然是目中無人,見誰貶誰,普天之下就他一個能人。最後他被黃祖砍了腦袋,再也不能狂妄自大了。人有了才能是好事,但如果因為自己的才能出眾而狂妄自大,往往與無知和失敗聯繫在一起。

【原文】
鄉人飲酒,杖者出,斯出矣。

【譯文】
舉行鄉人飲酒的禮儀結束後,(孔子)一定要等老年人先離席,然後自己才出去。

論語

【原文】

　　朋友之饋，雖車馬，非祭肉，不拜。

【譯文】

　　朋友饋贈物品，即使是車馬，不是祭肉，（孔子在接受時）也是不拜的。

人生智慧

　　孔子把祭肉看得比車馬還重要，這是為什麼呢？因為祭肉關係到「孝」的問題。用肉祭祀祖先之後，這塊肉就不僅僅是一塊可以食用的東西了，而是對祖先盡孝的一個載體，承載了後人對先人的思念與尊敬之情。

　　孔子是一個知禮、敦厚的聖人。他的思想是中庸而不偏激的；他的性格是溫良恭謙而略顯拘謹的；他的行為是循禮而不張狂的。

　　至於他的一些具體言行，比如穿衣吃飯，以及在不同場合下的神情與做態，可能只是他個人的個

《孔子聖跡圖》之觀象知雨

性使然，不一定是有意識地這樣或那樣，以便給時人及後人垂範的。因此，後人大可不必在這些方面傚仿聖人。

需要學習的乃是孔子對自身修養的嚴格要求，對禮的嚴格遵守，因為這些對於現代人仍然具有重要意義。

《孔子聖跡圖》之西河返駕

論語的人生智慧

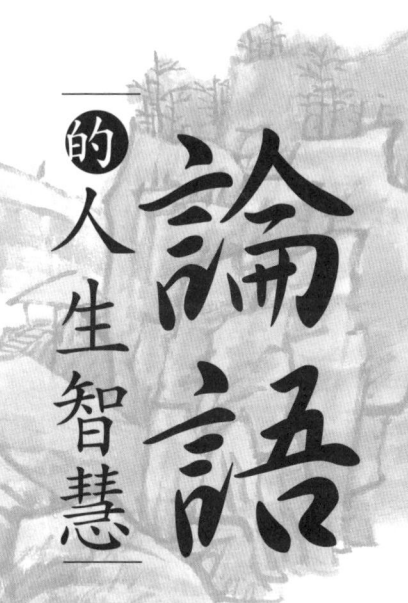

第三章
詩樂之律

書籍是人類進步的階梯；書中自有黃金屋。我們常常會脫口而出：不會吟詩的民族是不懂得浪漫的民族，而不浪漫的民族是沒有活力的民族；書籍會給我們帶來不盡的智慧，詩歌會給我們帶來有品質的生活。

論語

【原文】

子在齊聞韶，三月不知肉味。曰：「不圖為樂之至於斯也！」

【譯文】

孔子在齊國聽到韶樂，癡迷得三個月都不知道肉是什麼滋味，說：「我沒想到音樂會讓人快樂到這樣的地步！」

人生智慧

音樂能夠溝通心靈，它無形無狀，卻又無處不在，感染著周圍的人。好音樂讓人深深地感到舒服與放鬆。

有時候你會感覺到單調，那是因為你選擇了單調。有時單調是一種令人窒息的感覺。

善於調劑自己的人，往往用音樂來陶醉自己，這樣就是享受生活。

韶樂是舜的音樂，非常和諧，極盡高潮之美而不帶絲毫殺氣，符合清靜無為與和諧的聖人之道。因此，孔子拿韶樂與充滿殺氣的「武樂」相比，稱韶樂為盡善盡美。

好音樂在哪裡？在我們心裏。對牛彈琴是沒用的，因為牛不會用心在琴聲上。

只有文王對孔子，俞伯牙對鍾子期，才會產生美妙的音樂。

有好音樂而無知音，空自傷感；有好音樂又有知音，這才是極境；韶樂遇到孔子，才成為真正的音樂。

同樣地，《紅樓夢》裏寶玉與妙玉在瀟湘館外偶然聽到黛玉彈琴吟詩，二人在石頭上坐著靜聽，甚覺音調淒切。聽完了妙玉說：「何憂思之深也！」

寶玉則說：「我雖不懂得，但聽她音調，也覺得過悲了。」寶玉與妙玉都是黛玉的知音，因此他們聽到了一首至情至性、至善至美的佳音。

但最好的音樂比黛玉的琴曲還要高些，因為它不會悲哀如斯，也不會像武樂一樣亢奮如斯。

韶樂不止一種，不止舜傳下來的才是韶樂。我們再也聽不到孔子當日聽到的韶樂，但我們可以聽到自己的韶樂，那是一種「心音」。它縹緲而親切，充盈天地而不吵鬧，深入我們的靈魂，是一種和諧的天籟之音。只要心靜，就可以聽到心音。

孔子倡導「禮樂」的「樂」就是音樂。音樂對人的生活乃至生命都有如此大的影響力，因此好音樂的可貴就不言而喻了。

《孔子聖跡圖》之作猗蘭操

論語

【原文】

子曰：「《關雎》，樂而不淫，哀而不傷。」

【譯文】

孔子說：「《關雎》這篇詩，快樂，而不放蕩，憂愁，而不哀傷。」

人生智慧

當孔子讀到這篇詩的時候，他在其中發現很多的優點，也許這是他很長時間發現的，但當他發現了之後就一直擁有這種感覺。並不是說只有這一首詩擁有這麼多優點，如果你用心去發掘，你就會發現其實自己身邊很多的詩文都是很優雅，很快樂，很輕鬆，只在於你是不是用心去讀，去賞析了。

民間有這樣一個傳說：有一秀才終日伏案疾書，文成而病，前去診治的郎中洞知病源，未開處方，卻拿起這位秀才的文稿念起來，故意顛三倒四讀錯句子，臥床的秀才聽見自己的「錦繡文章」被讀得支離破碎，驢唇不對馬嘴，大怒之下翻身而起，奪過文稿，高聲朗讀數遍，以糾醫家之錯。誰料，讀罷頓覺神清體舒，痛楚若失。自此，秀才每天放聲誦讀詩書，病體漸漸不藥而癒。

據史書記載：杜甫對一個患寒熱病的病人說：「吾詩可以療之。」告訴那人誦讀他的名句「夜闌更秉燭，相對如夢寐。」那人在家反覆誦讀就是不見病好。於是又去請教杜甫，杜甫告訴他再換兩句，反覆誦讀「子章髑髏血模糊，手提擲還崔大夫。」那人遵囑誦讀後，瘧病果然好了。

宋代詩人陸遊也曾賦詩曰：「閑吟可是治愁

076

藥，一殿吳箋萬事忘。」、「兒扶一老候溪邊，來告頭風久未瘥，不用萸朮芎芷藥，吾詩讀罷自醒然。」

清代著名戲曲家、養生家李漁對讀書健身深有感觸地說：「予以無他癖，惟好讀書，憂藉以消，怒藉以釋，牢騷不平之氣藉以上除。」

北宋傑出的文學家歐陽修在《東齋記》中對讀書能治病養生說得更具體、更生動。他說：「每體之主康，則或取六經百氏若古人述作之文章誦之，愛其深博閎達雄偉富麗之說，則必茫乎以思，暢乎以平，釋然不知疾之在體。」

現在有人正在將誦讀詩書作為一種「療法」進行研究。他們把可用作這種療法的書、詩分為三類，對症下「藥」：一類為影響理智和思維能力的；一類為影響情緒的；還有一類為幫助理解生活意義的。有的醫院為病人開設了專門的圖書館，引導患者沈湎於書中，促使其康復。

生活中其實很多東西都是靠你去發現的，詩如此，生活也如此，當你真正地把自己的心態放平，放輕鬆，你也會把周圍的事情看得很輕鬆，你會發現你讀的每一段文字都是優美動人，治療百病的。

論語

【原文】

子謂韶：「盡美矣，又盡善也。」謂武：「盡美矣，未盡善也。」

【譯文】

孔子說到舜樂《韶》這一樂舞時說：「藝術形式美極了，內容也非常好。」談到武王樂《武》這一樂舞時說：「藝術形式很美，但內容卻差一些。」

人生智慧

音樂素養對人來說是一種很重要的素質，音樂教育對促進人的全面發展具有重要意義。音樂藝術中的自然、流暢，是最受欣賞的地方。音樂具有益智的功能，能夠促進智力的開發和科學文化素養的提高。此外，美育還具有寓德、健心的功能。

有關專家調查，凡愛好音樂與學習樂器的青少年，在學校品行好，在社會上工作認真，很少染上不良習氣。

貝多芬所說的能使人高尚的音樂，是指那些「能提高、鼓舞、啟發大家努力工作的音樂作品。比如當你聽貝多芬的《第五交響曲》時，那洶湧澎湃的旋律，不能不激起你對日本侵略者的仇恨和對保衛和平的決心。當你唱起《我的中國心》時，那深沈的旋律和有力的節奏所烘托的「長江、長城、黃山、黃河，在我心中重千斤」的詞句，不能不深深地打動你的心。唱完這首動聽的歌，作為一個中國人，一種莊嚴、自豪之感不由從心底升起。

這就是音樂使人高尚的證明，這就是音樂陶冶情操的功能。愛好高尚的音樂，它會給你帶來信心和力量，使你奮發，使你向上。

阿爾伯特．愛因斯坦是一個酷愛音樂，懂得生

活情趣的偉大科學家。7歲時便從母親那兒得到一把小提琴，他非常喜歡它。他還經常站在母親身後聽她彈奏莫札特、貝多芬的鋼琴奏鳴曲，不久也學會了彈鋼琴。可以說，他是一個在音樂聲中長大的孩子。

　　愛因斯坦還十分喜愛唱歌。他常常一個人到湖泊江河裏去划船，一邊划，一邊唱著他喜愛的歌曲。在萊茵河和日內瓦湖上都曾留下過他的歌聲。可以說，音樂藝術伴隨了他的一生。

　　他成名後，還經常在德國、美國公開登臺演奏小提琴，為慈善事業募捐。他無論到哪個國家旅行，小提琴總不離身，有些人不相信他是物理學教授，以為他是一個音樂家。一次他應邀到比利時訪問，比利時國王和王后都是他的朋友，王后也是一

《孔子聖跡圖》之學琴師襄

個音樂迷，會拉小提琴。他和王后在一起合奏絃樂四重奏，合作得非常成功。愛因斯坦當著國王的面對王后說：「您演奏得太好了，說真的，您完全可以不要王后這個職業。」

音樂在愛因斯坦心中與人不同的是他力求通過美妙的音樂旋律，去啟發自己對未知的、美麗而和諧的大自然規律的探求。震撼世界的相對論，是科學發展史上劃時代的里程碑。

1905年有一天，他對夫人說：「親愛的，我有一個奇妙的想法。」說完此話，愛因斯坦就開始彈奏鋼琴，他時彈時停，忽而又猛彈了幾個音節後，自言自語道：「這真是一個奇妙的想法。」這樣一連幾天他有時在樓上思考，有時下樓彈琴，半個月後，他終於寫完了舉世震驚的、推動歷史進程的《相對論》。

從愛因斯坦身上我們發現音樂開發智力的奇妙功能。難怪俄國偉大的作家托爾斯泰說：「音樂，足以使一個人對未能感覺的事有所感覺，對理解不了的事有所理解，使不可能的事一變而為可能。」

人生智慧

孔子生活的時代，可供學生閱讀的書很有限，《詩經》經過孔子的整理加工以後，被用作教材。孔子對《詩經》有深入研究，所以他用「思無邪」來概括它。《論語》中解釋《詩經》的話，都是按照「思無邪」這個原則而提出的。

《詩經》中有很多批判揭露譏諷統治者殘暴腐朽的詩篇，有很多為下層貧民鳴不平的詩篇，所以《詩經》很受大眾喜歡。孔子說它們「思無邪」，可以看出孔子的政治立場是站在平民這一邊的。

另外，《詩經》中很多描寫男女愛情的詩篇，大膽、直率，讓後世很多道學家不敢正視。但孔子卻將其概括為「思無邪」，可見孔子對人性的寬容與溫情。

春秋戰國時代，群雄並起，爭霸天下。當時在秦國西南面的蜀國是個很富饒的地方，四面環山，中間一塊盆地，良田萬頃，物產豐富，氣候宜人，人稱天府之國。

秦惠王對此地早就垂涎三尺，想奪取這塊地方。但這裏一夫當關，萬夫莫開，若要進兵，先要翻過高高的終南山，穿過長長的褒谷，跨越潛水，橫渡桓水，不用說有多難，即使到了蜀國境內，也

【原文】

子曰：「詩三百，一言以蔽之，曰：『思無邪』。」

【譯文】

孔子說：「《詩經》三百篇，可以用一句話來概括它，那就是『思想純正』。」

論語

【原文】

子曰：「小子何莫學夫詩。詩，可以興，可以觀，可以群，可以怨。邇之事父，遠之事君；多識於鳥獸草木之名。」

【譯文】

孔子說：「學生們為什麼不學習《詩》呢？學《詩》可以激發志氣，可以觀察天地萬物及人間的盛衰與得失，可以使人懂得合群的必要，可以使人懂得怎樣去諷諫上級。近可以用來侍奉父母，遠可以侍奉君主；還可以多知道一些鳥獸草木的名字。」

寸步難行。

蜀國的道路險峻，山岩陡峭，澗水深急，正如後來唐代大詩人李白所感歎的：「蜀道之難，難於上青天。」面對如此複雜的地理環境，怎樣才能克服它，實現自己的目標呢？

秦惠王了解到蜀國的國君生性貪婪，見利眼開，而且不知滿足，於是計上心來，決定利用蜀王的這個弱點去討伐蜀國。

惠王請人雕琢了一隻石牛，牛身龐大，栩栩如生，惠王派人把許多的金子、銀子、綢緞放在牛屁股後面，宣稱這些都是石牛屙出來的，並派人告訴蜀王，說要把這個舉世罕見的寶貝送給他，願秦蜀兩國永結友好。蜀王便派人去觀看。秦惠王給了那個來觀看的人許多金子，那人回去後告訴蜀王事實的確如此。

糊塗的蜀王貪得無厭，便命人挖開懸岩，填平山谷，架起橋樑，以便迎接石牛。他做夢也不會想到，秦國人早已率領軍隊遠遠地跟在石牛後面，山路剛剛打通，秦軍便飛奔前來，一擁而進。蜀人毫無準備，秦軍沿路挺進，直赴蜀國都城，殺了蜀王，滅了蜀國。

蜀王貪小失大，留下千古笑柄；秦王攻取蜀國，還讓蜀國人自己開道引路，智謀與武力並重，成事之道為後世傳頌。

幾乎所有人都知道貪圖小利愛佔便宜是一種不

良心態與行為,但當利益當前時,真正能領悟其道理又能潔身自制的人有幾個呢?貪欲,不但阻礙自己的人際交往與事業前途,甚至還能因小失大,自毀前程,實在不是明智之舉。

為人處世,該糊塗則糊塗,切勿為區區小利而自招禍患。

【原文】

子所雅言,《詩》、《書》、執禮,皆雅言也。

【譯文】

孔子有時講雅言,讀《詩》、念《書》、行禮時,都用的是雅言。

【原文】

子曰:「興於詩,立於禮,成於樂。」

【譯文】

孔子說:「在《詩經》中開始人生修養的學習,在禮制中建立人生,在音樂中完成人生。」

《孔子聖跡圖》之觀器論道

人生智慧

【原文】

葉公問孔子於子路，子路不對。子曰：「女（汝）奚不曰，其為人也，發憤忘食，樂以忘憂，不知老之將至云爾。」

【譯文】

葉公向子路問孔子是個什麼樣的人，子路不答。孔子（對子路）說：「你為什麼不這樣說，他這個人，發憤用功，連吃飯都忘了，快樂得把一切憂慮都忘了，連自己快要老了都不知道，如此而已。」

君子坦蕩蕩，小人常戚戚。樂觀、開朗、風趣、和諧、平等——和這樣的人在一起，就叫做「如沐春風」吧。孔聖人的心態著實讓人敬佩，「發憤忘食，樂以忘憂」，孔子從讀書學習和各種活動中體味到無窮樂趣，是典型的現實主義和樂觀主義者，他不為身旁的小事而煩惱，表現出積極向上的精神面貌和藝術人格。作為大思想家，一個有著終極關懷的哲人，他是憂患深廣的；作為一個在現實中生活的人，他又無時不是快樂的。

我們在很多時候都需要模仿這種心態。我們應該承認，在日常工作、學習、生活當中無時無刻地會感受到各種各樣的壓力，特別是隨著社會的發展，生活節奏的加快，各行各業競爭越來越激烈，壓力也就越來越大；況且，在這個繽紛多彩的時代，誘惑很多，假的、醜的、惡的東西也很普遍，這些往往會侵蝕我們原本脆弱的心靈。所以很多情況下，我們需要自我調節，否則，如何承受生命中的種種挫折。

人生智慧

孔子注重歷代古籍、文獻資料的學習，但僅有書本知識還不夠，還要重視社會實踐活動，所以，從《論語》書中，我們可以看到孔子經常帶領他的學生周遊列國，一方面向各國統治者進行遊說，一方面讓學生在實踐中增長知識和才幹。但書本知識和實踐活動仍不夠，還要養成忠、信的德行，即對待別人的忠心和與人交際的信實。

概括起來講，就是教導學生從書本知識、社會實踐和道德修養三個方面，來學習提高自己的道德修養。

【原文】

子以四教：文、行、忠、信。

【譯文】

孔子從四個方面來教育學生：歷史文獻、行為規範、忠誠待人、做人的信用。

《孔子聖跡圖》之問禮老聃

論語

在成功者的健康個性特徵中,誠信佔有很重要的分量。

誠信包括兩個方面,也就是誠實和守信。言必行,行必果。一時的欺騙只能獲得微小的利益,必然不會長久。

一個人如果失去了誠信,那麼,他必將沒有朋友,沒有合作夥伴,在這個社會上也就沒有了立足之地。

在歐美一些國家,每個人都有自己的誠信紀錄,如果這個人誠信度不夠,紀錄不良,那麼,他將找不到工作,甚至他刷卡消費都會遇到困難。所以他們都很重視自己的誠信品格。在現在的社會裏,信用代表著一個人負責任的程度,是否講究誠信常常能夠決定你的事業、你的未來和你是否能夠擁有愉悅的人生。

人生智慧

能夠與人同樂是一種價值取向，孔子就能夠很容易地做到這一點。與人同樂者，視自己為「萬物」，看別人為砝碼。量自己之心，思別人之意，瞧自己之軀，看別人之態，品自己之言，聞別人之說，鑒自己之行，照別人之鏡。與人同樂者，把自己當砝碼，以別人為「萬物」。稱量別人，先度自己，能否擺平，不可多且不可少，不可髒也不可汙，不然，前者失衡，後者招自蝕，均屬災類，應以為患。

在古希臘斯巴達統治雅典的第三年，一支一萬

【原文】

子與人歌而善，必使反之，而後和之。

【譯文】

孔子與別人一起唱歌，如果認為別人唱得好，一定要請他再唱一遍，然後和他一起唱。

《孔子聖跡圖》之忠信濟水

多人的希臘軍隊，出征去幫助波斯國王的次子居魯士打仗。不久，居魯士在與兄弟爭奪王位時死去，希臘軍隊失去了打仗的意義，滯留於離巴比倫不遠的一個小鎮附近。高級軍官們在與波斯人談判的過程中，全部中計被害，整個部隊失去了統帥，而四周又有敵軍的包圍。波斯人以為，這種形勢下，希臘軍隊必然會自行瓦解。

在這支軍隊中，有一名尚未入伍的年輕辦事員，名叫色諾芬。他在這危急的時刻，組織下級軍官們開會商議。會上，色諾芬充分發揮自己的演說才能，鼓起了大家的信心和士氣，全體下級軍官一致推選他出來統領部隊。色諾芬知道，希臘人是極難統領的。他們有強烈的個性，自己決定自己的生活方式，自己的行動由自己選擇。軍隊雖有嚴格的紀律，但希臘軍人更服從才能和智慧。一個無能的統帥或指揮失誤的將軍，士兵們會向他投擲石子，拋棄他，自行決定行動方案。

色諾芬深知這一情形，所以他立即召開全體士兵大會，做了更加激昂慷慨的鼓動。在演說中最激勵人心的，不是突出他的統帥地位，而是突出每一個戰士的作用。

色諾芬說道：「他們認為我們的指揮官死了，我們尊敬的老將軍克利亞庫斯死了，我們就會失敗。但我們要他們睜開眼睛看一看，我們每一個人都是將軍。這是他們的功勞，現在不只是一個克利

亞庫斯，而是一萬個克利亞庫斯和他們戰鬥。」

色諾芬的鼓動，以極為自然而又簡短的方式，把所有的責任和信心，都注入到每個戰士的心中，使得一萬名戰士產生了一股強大的凝聚力，而凝聚力的中心就是色諾芬。次日早晨，他們就踏上了返回希臘的征程。

由於色諾芬能站在群眾角度考慮問題，所以他能夠以身作則，發揚民主，愛護士兵，從而通過採取各種靈活的戰略戰術，戰勝了敵人和各種困難。在四個月中，轉戰2000多英里，終於勝利地回到了希臘。

色諾芬事後總結道：「應該相信，自覺自願的服從始終勝於強迫的服從，應該真正懂得如何才能得到人們的自願服從。只有這樣，他才能得到士兵

《孔子聖蹟圖》之太廟問禮

論語

們的服從。因為他使士兵們深信不疑：他知道得最全面、最正確。同時，他必須吃苦在前，忍受比戰士們更多的苦難，經受更多的嚴寒酷暑的煎熬。」

　　做任何事情都要考慮到別人，無論你身居多高的位置，你身邊的人，你的下屬都是你要關心與並肩作戰的人，他們會給你很多幫助。你不但要把憂愁讓他們一起分擔，更要和他們一起分享快樂。

論語的人生智慧

第四章
立身之則

古人說：「君子不可不修身。」又云：「正心以為本，修身以為基。」立身修養是做人的修養要則，是一個人學習、工作和生活的基本準則。做人做事都要有良好的品德，以德服人才能讓人心服口服。

論語

【原文】

子貢曰：「貧而無諂，富而無驕，何如？」子曰：「可也；未若貧而樂，富而好禮者也。」子貢曰：「《詩》云，『如切如磋！如琢如磨』，其斯之謂與？」子曰：「賜也！始可與言《詩》已矣，告諸往而知來者。」

【譯文】

子貢說：「貧窮而能不阿諛奉承，富有而不驕傲自大，怎麼樣？」孔子說：「這也算是好的了。但是還不如雖貧窮卻樂於道，雖富裕而又好禮之人。」子貢說：「《詩經》上說，『要像對待骨、角、象牙、玉石一樣，切磋它，琢磨它』，就是講的這個意思吧？」孔子說：「賜呀，你能從我已經講過的話中領會到我還沒有說到的意思，舉一反三，我可以同你談論《詩經》了。」

人生智慧

人往往是知多知少難知足，就像《漁夫和金魚》故事裏的老太婆，要了梳子要木盆，要了木盆要木屋，要了木屋要皇宮，要來要去一場空。

我們掙錢也好，拼搏也罷，都是為了自己的生活過得好一些，如果只有埋頭苦幹，沒有享受的樂趣，那生活還有什麼意義？生活質量的高低不全是體現在物質的擁有和金錢的數量上，還有你臉上的笑，心裏的情。

而人生中又有太多的不公平：有的起點不公平，有的人生在「天子腳下」，有的人生在窮鄉僻壤；有的人口裏含著「金湯匙」出生，有的人沒出娘胎就是殘疾。

有結局的不公平，同樣的冒險一搏，兔起鶻落之間有人走運有人倒楣；同樣的辛勤付出，有人搶得先機，有人只能向隅而泣。

所以，孔子說的「貧而無諂，富而無驕」，值得我們思考。

金錢富貴是人本性的追求，安貧樂道似乎是童話裏的謊言，知足常樂卻是難得的心態。

我們不主張安貧樂道，但我們也不主張一味地追求金錢富貴。

第四篇 立身之則

一切向「錢」看，完全淪為金錢的奴隸，一門心思鑽到錢眼裏，絲毫不懂得享受天倫之樂，快樂、清閒、幸福、賢妻乖兒都被遠遠地甩在後邊，明明是一個凡人卻難有常人的樂趣，沒有妻子的溫柔，沒有孩子的笑語，沒有桌上熱騰騰的那碗飯，只有口袋裏冰冷的錢和盯著錢的那勢利的眼，捂不出丁點溫情來。

《孔子聖跡圖》之子貢辭行

【原文】

子曰：「吾十有五而志於學，三十而立，四十而不惑，五十而知天命，六十而耳順，七十而從心所欲，不踰矩。」

人生智慧

仔細品味「三十而立」這句話，你心境如何？中國古時候男子弱冠、女子及笄就可以婚配，六十歲一甲子算是一個生命週期，三十歲可以說是人生的中點。這種情況下的三十歲已經是步入中年。所以孔子說：「三十而立，四十而不惑，五十而知天命，六十而耳順，七十而從心所欲，不踰矩。」孔子的這一段話已經成為千古名言，被後世奉為修身的圭臬。

對於這幾句話的具體解釋，歷來的經學家們都頗有分歧，按照目前社會上一般人的通俗理解：三十歲要建功立業、成家立業，四十歲不為外在的誘惑所動，不被欲望所左右，開始變得冷靜。

其實，在人生的每個階段都有所立，又都有所不足，仍然有需要切磋、琢磨的地方。而且人隨著年齡的增長，思想境界會逐步提高。就思想境界來講，整個過程分為三個階段：十五歲到四十歲是學習領會的階段；五十、六十歲是安心立命的階段，也就是不受環境左右的階段；七十歲是主觀意識和做人的規則融合為一的階段。在這個階段中，道德修養達到了最高的境界。

孔子的道德修養觀，有合理因素：第一，他看

第四篇 立身之則

到了人的道德修養不是一朝一夕的事，不能一下子完成，不能搞突擊，要經過長時間的學習和鍛鍊，要有一個循序漸進的過程。第二，道德的最高境界是思想和言行的融合，自覺地遵守道德規範，而不是勉強去做。這兩點對任何人，都是適用的。

【譯文】

孔子說：「我十五歲的時候就立志於學習；三十歲時便能夠自立；四十歲時對於外界事理都能夠明白，不再被外界事物所迷惑；五十歲時知道什麼是天命了；到六十歲已經能正確對待各種言論，不覺得不順；七十歲時便能隨心所欲而不越出規矩。」

《孔子聖跡圖》之大夫師事

論語

【原文】

季康子問：「使民敬忠以勸，如之何？」子曰：「臨之以莊，則敬；孝慈，則忠；舉善而教不能，則勸。」

【譯文】

季康子問：「要使老百姓尊敬我、忠實於我並勤奮努力地幹活，該怎樣去做呢？」孔子說：「你用莊重的態度對待老百姓，他們就會尊敬你；你對父母孝順、對子弟慈祥，百姓就會盡忠於你；你舉用善良的人，又能夠教育德行不好的人，百姓自然就會互相勉勵，加倍努力了。」

人生智慧

尊重是人類各個民族在漫長的歷史發展中形成的最基本的倫理理念和道德共識。

這種基本的倫理理念和道德共識是中國傳統美德中最基本的內容。現代社會的發展使平等成為人們道德關係的基本準則。如果沒有尊重，就不可能實現真正的平等。

尊重自己也是尊重他人、社會的起點和基礎。尊重自己首先要正確地認識自己。

其次要接納自己。每個人應該承認遺傳、環境、條件的差異和影響，承認現實中自己的優點和不足，在工作、學習、生活中善待自己。

再次要維護自己。每個人的基本權利都應該受到尊重，每個人都有權捍衛自己的人格尊嚴。人格是一個人的脊梁，尊嚴可以使人高尚，人格尊嚴是人的第二生命。

最後要發展自己。每個人的發展要靠自己，每個人都應培養自己的自主意識和自我意識，形成自我發展的內驅力。尊重他人，並不是失去自我。尊重他人是在平等和張揚個性的基礎上，對他人人格尊嚴的尊重。

要使自己學會尊重他人，在日常生活中就是要

第四篇 立身之則

學會平等待人、誠實守信、善於助人、寬容大度，形成良好的人際交往習慣。人的感覺是相互的，你尊重了別人，別人自然也會尊重你。所以說，付出的就是你將要收穫的。

　　加強了自身的修養，一個人才可以得到別人的認可與尊重。

《孔子聖跡圖》之孔子延醫

論語

【原文】

子曰：「士志於道，而恥惡衣惡食者，未足與議也。」

【譯文】

孔子說：「讀書人有志於探求真理，但又以自己吃穿的不好為恥辱，對這種人，是不值得與他談論道的。」

人生智慧

「天將降大任於斯人也，必先苦其心志，勞其筋骨。」這句大家都能耳熟能詳的名言，曾經鼓舞著多少堅強的人為了真理去奮鬥。

痛苦是成熟的催化劑，使懦弱的人更加懦弱，使堅強的人更加堅強。觀當今之大人物，無不歷經坎坷，嘗盡人世間滄桑。臺灣李敖因筆而受牢獄之災，南非總統曼德拉更是將牢底坐穿。但是，在探求真理過程中，必須有一份執著，經受一番磨鍊。

在這個過程中，生活難免會有一些困難，難免會經受一些挫折，但是如果連這些都克服不了，那麼，自己的雄心大志又怎樣去實現？奮鬥無止境，奮鬥的人生也是沒有止境的。

人生就如登高，在山腳時常為山頂那絢麗的美景所傾倒，而不停息地向山頂攀越。但到達山頂後，卻發現更為美麗的風景在前頭，於是又邁開腳步不辭辛勞地前進。

但一旦感到那美景是那麼的遙遠，不能輕易而得，繼而停止了腳步，那人生就會一下子變得索然無味。

有位哲人說過：「如果他的腿被打斷了，他就跪著戰鬥。」氣概令人肅然起敬。現實中的生活並

沒有把我們的腿打斷,也並未斬落我們的頭,只是在我們生活的道路上設置一些小小的坎坷。有的人遇此就放棄了自己的理想,甘願隨波逐流,回歸於那亙古不變的平緩生活中。或者在失意時懶惰懈怠,沈溺於遊嬉玩樂中,這些無疑都是對於生活的一種逃避,是人生莫大的悲哀。或許,造物弄人。造物主就像十分精明的生意人,不願那成功、那輝煌的果實為人輕易所得。

在給予人智慧的同時,同樣給予人幾倍於智慧的困難,就如世界文藝史上的三大怪傑:大詩人彌爾頓、音樂巨匠貝多芬、小提琴大師帕格尼尼,他們一個是瞎子,一個是聾子,還有一個是啞巴。但就是在我們這些正常人眼中的殘疾人,卻在各自的領域取得了令人矚目的成就,他們不但戰勝了自己的身體殘疾,還付出幾倍於常人的努力,扼住了命運的咽喉,終於取得了偉大的成功。

論語

【原文】

子曰：「君子之於天下也，無適也，無莫也，義之與比。」

【譯文】

孔子說：「君子對於天下的萬事萬物，沒有固定的厚薄親疏，只是努力按照合理的道理去做就行了。」

人生智慧

「尚德」是中國人處世觀念及行為的重要特徵。為人處世，不應該有那麼多條條框框、僵死的教條，況且天下的事，千變萬化，沒有定形，拘泥於形式要求是沒有道理的。一方面，處世做人，貴在有德。中國人的所謂「處世」，首先是要「做人」，即立身處世。而「做人」要求人的行為必須合乎「人」應該具有的道德規範，做人就是以道德律己，以道德待人。對為人「缺德」的評判，是中國社會生活中甚為嚴厲的譴責。具體的做人範疇有「誠實正直」、「光明磊落」、「襟懷坦蕩」、「克己

《孔子聖跡圖》之貴黍賤桃

奉公」、「言行一致」、「忠厚善良」、「廉正儉樸」等等，體現了濃厚的尚德特徵。

另一方面，與人交往，以德待人，強調人際交往的道德性，主張人際之間應當是「正其義不計其利，謀其道而不計其功」。

與人相處，貴在以德待人。首先要寬厚待人。中華民族一向以待人寬厚為美德，日常生活中要寬容大度、寬宏大量，就是這一品德的體現。在人際關係的實際運作中，需要尊賢而容眾，嘉善而矜不能。其次要講「禮讓」。中國人歷來以「讓」為處世美德。在家庭內部，「孔融讓梨」式的禮讓被極力倡導，婦孺皆知；在名、利面前，古人讚美「君子無所爭」的風度和「不貪為寶」的高潔品格；對待人際糾紛，提倡退一步海闊天空，建立和諧的人際關係。最後，要講信用，重承諾。其基本要求是「言必信，行必果」。「一諾千金」、「一言九鼎」等成語，以及孔子所說的「人而無信，不知其可也」的名言，生動顯示了信用在中國人心目中的價值和地位。

一言以概之，有高尚人格的君子為人公正、友善，處世嚴肅靈活，不會厚此薄彼，只要做到合情、合理、合法，就足夠了。

論語

【原文】

季文子三思而後行。子聞之，曰：「再，斯可矣。」

【譯文】

季文子總是在做任何一件事前有多次考慮。孔子聽到了，說：「考慮兩次也就行了。」

【原文】

仲弓問子桑伯子。子曰：「可也，簡。」仲弓曰：「居敬而行簡，以臨其民，不亦可乎？居簡而行簡，無乃大簡乎？」子曰：「雍之言然。」

【譯文】

仲弓問孔子子桑伯子這個人怎麼樣。孔子說：「此人還可以，辦事簡要而不煩瑣。」仲弓說：「心存恭敬，而行事簡要，像這樣來治理百姓，不是也可以嗎？（但是）自己馬馬虎虎，又以簡要的方法辦事，這豈不是太簡單了嗎？」孔子說：「冉雍，這話你說得對。」

人生智慧

凡事三思，一般總是利多弊少，可是孔子並不完全同意季文子的這種做法。官懋庸：《論語稽》中說：「文子生平蓋禍福利害之計太明，故其美惡兩不相掩，皆三思之病也。其思之至三者，特以世故太深，過為謹慎；然其流弊將至利害徇一己之私矣。」可見，季文子是一個極世故的人物，極精於算計，做事過於謹慎，顧慮太多，所以就會發生各種弊病。做事情需要果斷堅決，想得太多了就變成為自己打算了，況且，想得太多人便會退縮，長期如此人就變得猶豫，做事猶豫的人是不足取的。

做人要果敢，也就是面對選擇、挑戰的時候要堅決，面對困難的時候要勇敢，不能左右搖擺，不能臨陣退縮。

人生常常都是捉摸不定的，好機會往往稍縱即逝，如果不及時地下定決心，錯過之後就會後悔莫及。機不可失，時不再來，這是一個淺顯的道理。

一個人的成功與他是否有著果敢的性格大有關係。有的時候，你果敢的一個決定、一個做法可能就會成為你命運的一個轉機，你可能因此而一舉成功。如果你時時退縮不前，不用說成功，你連體會失敗的機會都沒有，那不是更加悲哀了嗎？

人生智慧

【原文】
子曰：「飯疏食，飲水，曲肱而枕之，樂亦在其中矣。不義而富且貴，於我如浮雲。」

【譯文】
孔子說：「吃粗糧，喝冷水，彎起胳膊當枕頭，樂趣也就在這中間了。用不正當的手段得來的富貴，對於我來講，就像是天上的浮雲一樣。」

追逐財富，期盼發家，這是人之常情。在一個成熟的商業社會裏，個人對創造積累財富的努力，也是有益於社會發展進步的。即便在儒家傳統占統治地位的中國古代，老祖宗也肯定「愛財」的人一樣能稱得上「君子」。

但是，老祖宗在後面加上的四個字，卻是這句古訓的核心精要所在。求財可以，卻應「取之有道」。

據聞哲人蘇格拉底生活簡樸，從不重視物質方面的享受，有人送他土地、給他奴僕，但他一概辭謝不受。有一天，他走在街上，見到商店裏擺著形形色色的貨品，琳琅滿目，美不勝收。他卻無動於衷，只淡淡地說：「為什麼我用不著的東西，竟是這麼多呢？」

這不過是古代希臘的情形罷了。今天物質文明的發展，生活奢豪享受與繁複的情景，恐怕不只是哲人智者所歎息的了。

說來輕鬆，能始終遵守這個原則卻並不簡單。面對財富誘惑，有些人定力不足，便利欲熏心，進而不擇手段。還有不少人為了賺錢，不惜損害人格自尊，也視國格於不顧，無所不用其極，這些都是

不知「取之有道」的表現。

不擇手段者則往往有了短線的收益，卻失去了長期的機會，為了有限的金錢背上難以擺脫的惡名，影響了自己和國人的形象。如此種種「無道」之財，或許得來容易，但去得更快；或許眼前痛快，但後患難消。

《孔子聖跡圖》之讀易有感

第四篇 立身之則

人生智慧

「絕四」是孔子的一大特點,這涉及人的道德觀念和價值觀念。人只有首先做到這幾點才可以完善道德,培養高尚的人格。能夠做到拒絕這四點,就可以「通達」。知識融會貫通,為人寬厚仁慈,這是我們修養的一種境界。

我們在理解儒家的人生價值觀念中的「寡欲」思想時,應理解為對個人欲望的一種理性限制,而不是對個人欲望的一種否定。自我的真正價值和自由就是學會順應它,適應它,改造它,更多地利用它為自己,同時也為社會服務,以使自身在社會生

【原文】
子曰:「富與貴,是人之所欲也,不以其道得之,不處也。貧與賤,是人之所惡也,不以其道得之,不去也。」

【譯文】
孔子說:富有和尊貴是人人所希求的,如果不是用正當的手段取得,也不願意接受。貧窮與卑賤是人人所厭惡的,如果不用正當的手段來改善,也一定逃避不掉。

《孔子聖跡圖》之孔子使楚

活中始終能保持心理和諧。用理性的方法來治理人們的欲望，使人在享樂人生的同時不出麻煩。如果人只知追求欲望的滿足而忽略了限制它，則使人困惑而不能快樂。

當我們在追求西方物質文明過程中每出現一個弊端，都讓我們懷念起，我們民族傳統文化文明的可貴。面對古人的克己、仁愛、澹泊、清心等人生價值觀念，會反襯出我們今天的極端功利主義對人們心靈的束縛。極端的功利主義思想使人們的心靈變成了物質欲望的「黑洞」。這個永遠填不滿的「黑洞」是個無底之壑，它不僅可以污染社會人群，而且也破壞了人類心靈的安詳與和諧。使人心浮氣躁，憤恨不平，煩惱痛苦，心灰意冷等等。

當我們再次渴望追求人類心靈中那份安詳與和諧之美時，對中國傳統的人生價值觀念與人生心態的研究學習就變得更為重要了。對傳統文化精髓的繼承與弘揚，將有助於我們在追求現代人生價值以及在滿足人生欲望的過程中，保持心理上的和諧，從而達到更充分地熱愛人生，享受人生。

第四篇 立身之則

人生智慧

作為孔子的學生，子貢認為自己的老師是天才，是上天賦予他多才多藝的。但孔子否認自己是天生之才的說法。他客觀地說出了自己成長的經歷，說自己少年低賤，要謀生，就要多掌握一些技藝，這表明，當時孔子並不承認自己是聖人，尤其否認自己是天才的說法。真正的天才是不存在的，我們的知識、修養是從實踐中學習積累而來的，實踐出真知，環境造就人。

充分認識自己的能力、素質和心理特點，要有實事求是的態度，不誇大自己的缺點，也不抹殺自己的長處，這樣才能確立恰當的追求目標。特別要注意對缺陷的彌補和對優點的發揚，將自卑的壓力變為發揮優勢的動力，從自卑中超越。

首先，不要總認為別人看不起你而離群索居。你自己瞧得起自己，別人也不會輕易小看你。能不能從良好的人際關係中得到激勵，關鍵還在自己。要有意識地在與周圍的人交往中學習別人的長處，發揮自己的優點，多從群體活動中培養自己的能力，這樣可預防因孤陋寡聞而產生的畏縮躲閃的自卑感。

其次，需要對自己的自卑進行心理分析。通過

【原文】
　　太宰問於子貢曰：「夫子聖者與？何其多能也？」子貢曰：「固天縱之將聖，又多能也。」子聞之，曰：「太宰知我乎？吾少也賤，故多能鄙事。君子多乎哉？不多也。」

【譯文】
　　太宰問子貢說：「孔夫子是位聖人吧？為什麼這麼多才多藝呢？」子貢說：「這本是上天讓他成為聖人，而且使他多才多藝。」孔子聽到後說：「太宰怎麼會了解我呢？我因為少年時地位低賤，所以會許多卑賤的技藝。君子會有這麼多的技藝嗎？不會多的。」

論語

自由聯想和對早期經歷的回憶，分析找出導致自卑心態的根本原因。這樣就可以瓦解你的自卑情結。然後，可以用行動證明自己的能力與價值。這是最簡單的道理，有能力的人根本就用不著自卑，行與不行誰都能看得見。有人需要你，你就有價值，你能做事，你就有價值。你能做成多大的事，你就有多大的價值。

　　因此，你可以選擇那些自己有把握的事情去做，做好之後，你再去找下一個目標，這樣你就能不斷地收穫成功的喜悅。一連串的成功將使你的自信心趨於穩固。而且，一個有能力的人也必然會贏得別人的尊敬，自卑就會蕩然無存了。用行動證明自己是最有效的方法！

《孔子聖跡圖》之晝息鼓琴

第四篇 立身之則

人生智慧

「匹夫不可奪志」，反映出孔子對於「志」的高度重視，甚至將它與三軍之帥相比。志向的優點不在於大小，而在於堅定。不為自己的懶惰而改變，否則，就會功虧一簣。對於一個人來講，他有自己的獨立人格，任何人都無權侵犯。作為個人，他應維護自己的尊嚴，不受威脅利誘，始終保持自己的「志向」。這就是中國人「人格」觀念的形成及確定。我們的志向堅定不移，我們的努力也持之以恆，我們就會一步一步走向最後的成功。

目標就是一面旗幟，高高地飄揚在通往成功的道路上。目標是力量的源泉，有了目標你才知道要往哪裡去，只有明確了人生方向，才能知道自己的道路，才能有動力沿著自己選定的路走下去。所以，不管你活成什麼樣子，或者成功，或者失意，或者貧窮，或者富有，你都應該有自己的目標，都應該有自己的夢想。成功是努力和天賦成就的，但同時也是夢想成就的。如果沒有夢想，人就沒有目標，就會安於現狀。

夢想不分年齡，不分先後，夢想並不僅僅是孩子的專利、年輕人的專利。只要你有幹勁兒，只要你肯付出努力，只要你的方向是對的，那麼，就算

【原文】
子曰：「三軍可奪帥也，匹夫不可奪志也。」

【譯文】
孔子說：「國家的軍隊，可以改換它的主帥；但作為一個男子漢，他的志向是不能強迫改變的。」

論語

【原文】

子曰：「歲寒，然後知松柏之後彫（凋）也。」

【譯文】

孔子說：「到了寒冷的季節，才知道松柏是最後凋謝的。」

你已經走過了大半生的歲月，你一樣可以拾起舊日夢想，重新張開希望的翅膀。

夢想就是你手中的金鑰匙，當你置身於人生的迷宮時，它能夠幫助你摘取皇冠上的明珠。任何時候，都不要對自己的夢想絕望，同時也不要嘲笑別人的夢想。有夢想的人是值得尊重的。

目標就像航標燈，在浩瀚的人生海洋中，指引著人們的航向。有著明確目標的人，總能穿過艱難的歲月，因為目標在前，他就不會放棄。相反，如果目標倒下了，人的精神也就垮了下來。而從來都不曾有過目標的人就更加茫然，他不知道他活著為了什麼，奮鬥為了什麼，所以他往往都不去奮鬥，因為沒有目標，他沒有方向感。拿破崙說：「有方向感的目標，令我們每一個意念都充滿力量。」讓我們牢記這句話！

第四篇 立身之則

人生智慧

孔子認為，達是自己內心的通暢，「達」要求士大夫必須從內心深處具備仁、義、禮的德性，注重自身的道德修養，而不僅僅是追求虛名。聞是外在的虛名，並不是顯達。其告訴我們，要注重名實相符，表裏如一，不要僅僅追求外在的虛無的名利，要注重自身的修養與提高。

東漢時，羊續到南陽郡做太守。南陽土地平坦，氣候溫暖，水源充足，農業生產和工商經濟比較發達。由於生活安定富裕，這裏的社會風氣比較奢侈浮華。郡、縣等各級機構中請客送禮、講排場、比吃喝之風頗盛。羊續十分不滿這種不良的社會風氣，決定要改風易俗。但是，他知道要糾正一郡之風，先得從郡衙開始，要從郡衙開始，必須從做郡守的開始。於是，他下決心先從自己做起，扭轉南陽請客送禮等不良風氣。

一天，郡裏的郡丞提著一條又大又鮮的鯉魚來看望羊續。他向羊續解釋說，這條魚並不是花錢買來的，也不是向別人要來的，而是自己在休息的時候從白河裏打撈上來的。接著他又向羊續介紹南陽的風土人情，極力誇讚白河鯉魚味美可口。他又表白說，這條魚絕非送禮，而是出於同僚之情，讓新

【原文】

子張問：「士何如斯可謂之達矣？」子曰：「何哉，爾所謂達者？」子張對曰：「在邦必聞，在家必聞。」子曰：「是聞也，非達也。夫達也者，質直而好義，察言而觀色，慮以下人。在邦必達，在家必達。夫聞也者，色取仁而行違，居之不疑。在邦必聞，在家必聞。」

【譯文】

子張問：「士，怎樣才可以做到通達？」孔子說：「你說的通達是什麼意思？」子張答道：「在國君的朝廷裏必定有名望，在大夫的封地裏也必定有名聲。」孔子說：「這只是虛假的名聲，不是通達。所謂達，那是要品質正直，遵從禮義，善於揣摩別人的話語，觀察別人的臉色，經常想著謙恭待人。這樣的人，就可以在國君的朝

廷和大夫的封地裏通達。至於有虛假名聲的人，只是外表上裝出仁的樣子，而行動上卻正是違背了仁，自己還以仁人自居不慚愧。但他無論在國君的朝廷裏和大夫的封地裏都必定會有名聲。」

到南陽的人嘗嘗鮮，增加對南陽的感情。羊續再三表示其深情厚誼，自己心領了，但是魚還是不能收。那郡丞無論如何不肯再把魚拿回去。他說：「要是太守一定不肯收，就是不願意同他共事了。」羊續感到盛情難卻，只好把魚收下。郡丞放下魚，心裏暗自高興地告辭走了。郡丞走了以後，羊續提起那條魚想了一會兒，就讓家裏人用一條麻繩把魚拴好，掛在自己的房檐下邊。

　　過了幾天，郡丞又滿面春風地來拜望羊續，手裏提著一條比上次更大的鯉魚。羊續一看很不高興。他對郡丞說：「你在南陽郡是除了太守以外地位最高的長官了，你怎麼好帶頭送禮給我呢？」郡丞聽了，輕輕地搖了搖頭，還沒來得及說什麼，羊續已經讓人從房檐取下上次那條魚，並對郡丞說：「你看，上次的魚還在這裏，要不你就一塊拿回去吧？」郡丞一看，上次那條魚已經風乾變硬了，一下子臉紅了，轉身離開了太守的家。從此，南陽府上下再也沒有人敢給羊太守送禮了。

　　南陽的百姓聽到這件事以後非常高興，紛紛讚揚新來的太守清廉不貪。有人還給羊續起了一個「懸魚太守」的雅號。

　　要時刻注意培養自身的修養，獲得周圍人的關注與理解。

第四篇 立身之則

人生智慧

孔子認為，完美的人應該富有智慧、清廉、勇敢、多才多藝和修養禮樂。談到這裏，孔子還認為，有完善人格的人，應當做到在見利見危和久居貧困的時候，能夠思義、授命、不忘平生之言，這樣做就符合於義。尤其是本章提出「見利思義」的主張，即遇到有利可圖的事情，要考慮是否符合義，不義則不為。這句話對後世產生了極大影響。但孔子顯然覺得完美的人是不可能存在的，尤其在一個物欲橫流的時代。於是，孔子進一步提出了低於完人的條件——見利思義，見危授命，不忘平生之言，對人身道德修養提出了不同的標準。

要麼不做，做就要做得最好。凡是成功的人，都會在做事情的時候追求盡善盡美，因為你如果不按照100分的要求來要求自己，那麼最後你很可能就會不及格。無論做什麼事情，如果只是以做得「還可以」為目標，那就很難成功。人類歷史上有很多悲劇，都是那些工作不認真，做事得過且過的作風造成的。無知與輕率所造成的禍害不相上下。

很多人都為自己做事的不完美找出各種各樣的理由，時間不夠，資源不到位……這是不對的。因為有困難，我們更要將事情做好，儘量地擠出時間

【原文】
　　子路問成人。子曰：「若臧武仲之知，公綽之不欲，卞莊子之勇，冉求之藝，文之以禮樂，亦可以為成人矣。」曰：「今之成人者何必然？見利思義，見危授命，久要不忘平生之言，亦可以為成人矣。」

【譯文】
　　子路問怎樣才是一個完美的人。孔子說：「如果具有臧武仲那樣的智慧，孟公綽那樣克制貪欲，卞莊子那樣的勇敢，冉求那樣多才多藝，再用禮樂加以修飾，也就可以算是一個完人了。」孔子又說：「現在的完人何必一定要這樣呢？見到財利想到義的要求，遇到危險能獻出生命，長久處於窮困還不忘平日的諾言，這樣也可以成為一位完美的人。」

113

來將事情做好。追求完美的過程不可能一步到位,因此不能急於求成。不管任何事,任何人都無法一次做到盡善盡美,要反覆、一次又一次地實踐,不要老顧盼著自己離「完美」有多遠,現在可以打多少分。成功需要靠時間和努力去積累,把「完美」當作一種目標裝在心裏,然後埋下頭,專注於自己的工作。在達到完美境界的過程中,有許多人為的因素,也有很多現實生活中不能克服的障礙,但是,如果我們不去堅持我們心中的理想,我們就永遠都不可能將事情做好。就像一些有名的大公司,只要他們的產品有一點瑕疵,他們就不會貿然出貨。即使因此被同行搶先了一步也沒有關係,這是他們堅持的方針。所以,無論遇到什麼樣的阻力,我們都不能放棄追求「盡善盡美」這一準則。

《孔子聖跡圖》之韋編三絕

第四篇 立身之則

人生智慧

孔子提倡慎言，但說了一定要落實。

三國時，蜀國發生了一次嚴重的旱災。蜀君劉備下令全國禁止釀酒，以免浪費糧食，並要把釀酒用具完全毀掉。人們都覺得未免近於苛刻，只苦於沒人敢提出不同的意見。

一天，簡雍陪劉備在外遊逛，簡雍看見前面走來一對同行男女，就揣著聰明裝糊塗，假裝嚴肅地告訴劉備：「他們兩個要互相勾搭，為什麼不命令侍從將他們拘捕起來？」

劉備不解其意，好奇地問道：「你怎麼知道他倆要相淫？由哪裡看出？」

簡雍笑著回答：「他們都有性器呀？」

「有性器也不一定就相淫呀？」

「這和你所規定的有釀酒器具的人和釀酒者同樣遭受處罰是一樣的道理啊？」

劉備聽他說罷，不禁笑了起來，立即下令，對那些有釀酒器具的不加以處罰追究。

簡雍為了使劉備認識到自己做出的錯誤決策，故意採用他做決策的依據去處理「男女同行」這一日常問題，結果竟得出了「只要有性器的男女在一起行走就必定要相互勾搭」的荒謬結論，十分形象

【原文】
　子曰：「其言之不怍，則為之也難。」

【譯文】
　孔子說：「說話如果大言不慚，那麼實現這些話就是很困難的了。」

地提示了劉備決策依據的錯誤性，使其在笑聲中自動收回了成命。

　　人說話需要有根有據，如果信口胡說，肯定會招人反感，嚴重的還會惹禍上身。所以，說話之前要三思，沒有確鑿證據的話不要亂說，沒有根據的話一定不能說。那是對他人負責，也是對自己負責。做任何事情，說任何話，都要有充分的理由，都要有可靠的證據。不能隨口就來，只圖一時之快。要注意自己的口德，不能一味吹噓，沒有根據的話不能亂說，以避免壞了自己的名聲。

《孔子聖跡圖》之受魚致祭

人生智慧

孔子的觀點，反對「防人」並不是讓別人任意侵害自己，而是保持適度的敏銳和自我保護的能力，做到「抑亦先覺」。預先沒有根據地懷疑別人，對人做出有罪的判斷，在法律上是不允許的，何況是在道德上。

一個人，如果總是習慣用懷疑、防範的目光看待周圍的人和事，他不僅會失去朋友，失去機會，而且他更會失去健康的心理和生活的陽光。

這種「防人之心」的危害是很大的。因為，一旦養成「防人」的思維習慣，它便會在隨時隨地針

【原文】
子曰：「不逆詐，不臆不信，抑亦先覺者，是賢乎！」

【譯文】
孔子說：「事前不把別人的行為懷疑為欺詐，也不主觀猜測別人是不誠實的，但是能事先覺察別人的欺詐和不誠實，這樣的人就是賢人了。」

《孔子聖跡圖》之武城炫歌

對任何人產生「效應」，這樣做，不僅毀掉自己的心情，使我們的心靈永遠擺脫不了陰影的影響，使自己成為「套中人」。況且，人人如此，我們將如何在社會中生存，如何與別人交流情感？那樣的生活多麼可悲！

　　有這樣一個故事：某人丟了斧頭，懷疑是鄰居的孩子偷的。於是，他觀察那個孩子的走路姿態、神色、言語以及動作態度，無一處不像個小偷。後來他找到自己的斧頭。再看那個孩子，神色、言語、行動便一點也不像小偷了。《呂氏春秋》故事裏的孩子並沒有變，變的是丟失斧頭的人。因為他消除了主觀上的偏見。我們自己不也是常常「以小人之心度君子之腹」嗎？而最容易使我們受蒙蔽、無法了解真相的原因，則是對種族、宗教與性別的偏見。約翰福音裏的撒瑪利亞婦人對耶穌所說的：「你是一個猶太人，怎麼向我一個撒瑪利亞婦人要水呢？」這正反映出猶太人與撒瑪利亞人之間的相互猜疑和偏見。因此，歧視往往是因為心中對他先有成見，如：黑人是⋯⋯，回教徒全是⋯⋯，外省人是⋯⋯，女人都是⋯⋯，有錢人是⋯⋯。這些成見可能是因為過去的一兩次經驗造成的，也可能是受父母影響或媒體報導促成的。不論來源是什麼，它們的存在總是不容否定的。認識與承認自己有偏見，才有可能正視它們，好讓自己能調整所持有的態度，增進我們與別人的關係。

第四篇 立身之則

人生智慧

孔子沒有明言否定「以德報怨」的觀點，但他要考慮倫理的秩序與平衡，提倡「以直報怨」。這是說，不以有舊惡舊怨而改變自己的公平正直，也就是堅持了正直。

「以直報怨」對於個人道德修養極為重要。台灣李敖否定了前者，而肯定了「以直報怨」。他指出，如果你以德報怨，何以報德？如果人家對你不好，你還對他好，那麼對你好的人你怎麼辦呢？你怎麼樣報答人家呢？所以對你不好的人，打你一拳的人，你要踢他一腳，對你好的人，你要擁抱他，這才是合乎人情的一種人間規則。做個假設，如果對做好事和做壞事的人採用一樣的報答方式，實際上就是打擊好人做好事的積極性，而慫恿鄙人做壞事，或者不再關注事情的好壞性質。一個人做了壞事理應受到懲罰，付出代價，承擔責任，這樣才會讓他下次不再做壞事；做了好事的人，應該鼓勵他繼續努力。如果不加區分，那麼社會秩序就會出現混亂。由此可以看出孔子的觀點和理性。

【原文】

或曰：「以德報怨，何如？」子曰：「何以報德？以直報怨，以德報德。」

【譯文】

有人說：「用恩德來報答怨恨，怎麼樣？」孔子說：「用什麼來報答恩德呢？應該是用正直來報答怨恨，用恩德來報答恩德。」

論語

【原文】

子曰：「君子不以言舉人，不以人廢言。」

【譯文】

孔子說：「君子不根據一個人的言論來舉薦他，也不因為一個人有缺點而不採納他好的建議。」

人生智慧

春秋五霸之一的齊桓公大膽地使用了一個與自己有「仇」，但確實能輔佐自己的良才——管仲。正是齊桓公能夠捐棄個人的恩怨，不拘小節，大膽重用人才，才使他在春秋戰國時代首先稱霸。

桓公名小白，原是齊國公子。管仲原本是小白之兄公子糾的師傅。齊國的君主僖公死後，各公子相互爭奪王位，到最後剩下公子小白與公子糾爭奪。管仲為了替公子糾爭王位，還曾用箭射傷公子小白。

爭奪的結果是小白回到齊國繼承了王位，即齊

《孔子聖跡圖》之世業克昌

桓公。幫助公子糾爭王位的魯國在與齊國交戰中大敗，只得求和。

桓公要求魯國處死糾，並交出管仲。

消息傳出後，大家都同情管仲，因為被遣送到敵方去無疑是要被折磨致死。有人建議說：「管仲啊，與其厚著臉皮被送到敵方去，不如自己先自殺。」但是管仲卻說：「如果要殺我，當該和主君一起被殺了，如今還找我去，就不會殺我。」就這樣，管仲被押回齊國。

意外的是，桓公馬上任用管仲為宰相，這連管仲自己都沒有想到。

另外，管仲之所以能夠當上宰相，這與他的好朋友鮑叔牙有很大關係。鮑叔牙年輕時就發覺了密友管仲卓越不凡的才智，彼此建立了深厚的友情。有一次，兩個人一起去做買賣，管仲貪小便宜，占了所得利益的3/4。因為管仲窮困，所以鮑叔牙認為這是應該的，也就睜隻眼閉隻眼。又有一次，管仲為鮑叔牙做了一件事情，反而使鮑叔牙陷入窘境，然而鮑叔牙不以為然，沒有怨恨管仲。

鮑叔牙不因為管仲貪小財而看不起他，知道他是一個有大才幹的人，而齊桓公也是要用人治國，不計較他曾射了自己一箭的小仇。

正是這樣，管仲才發揮了他的才能，齊國也得到了治理，成為強國。

總是「念念不忘」別人的「壞處」，實際上最

受其害的就是自己的心靈,反倒把自己搞得痛苦不堪,徒勞無用。樂於忘記是成大事者的一個特徵,既往不咎的人,才可甩掉沈重的包袱,大踏步地前進。做人要有點「不念舊惡」的精神,況且在人與人之間,在許多情況下,人們誤以為「惡」的,又未必就真的是什麼「惡」。退一步講,即使是「惡」,對方心存歉意,誠惶誠恐,你不念惡,禮義相待,進而對他格外地表示親近,也會使為「惡」者感念其誠,改「惡」從善。心胸寬廣,饒人一過,造人一德,實在是很划得來。

《孔子聖跡圖》之真宗祀魯

人生智慧

「人非聖賢，孰能無過？」但關鍵不在於過，而在於能否改過，保證今後不再重犯同樣的錯誤。也就是說，有了過錯並不可怕，可怕的是堅持錯誤，不加改正。孔子以「過而不改，是謂過矣」的簡練語言，向人們道出了這樣一個真理，這是對待錯誤的唯一正確態度，也是我們進行修養經常遇到的問題。經典上也說：「但智者先覺，便能改悔，愚者覆藏，遂使滋蔓。」所以說，人皆有錯，而唯一能夠補救的辦法，就是懺悔，就是發現自己過去所做的錯事，知錯之後便發誓不復再做。

【原文】
　　子曰：「過而不改，是謂過矣。」

【譯文】
　　孔子說：「有了過錯而不改正，這才真叫錯了。」

《孔子聖跡圖》之宋人伐木

從另一個角度講,要正確對待別人的過錯。我們都聽過這樣一句話:生氣是拿別人的錯誤來懲罰自己。如果再加上仇恨,那就會更加糟糕。我們在仇恨的同時,自己可能睡不著覺,可能壞了胃口,可能升高了血壓,可能影響了健康。仇恨絲毫都不能使我們憎惡的人受到一點傷害,相反,我們卻有可能從此踏入地獄,受著痛苦的煎熬。在相處中,人與人之間經常會發生矛盾、誤會,有的是因為個性不同所致,有的是因為認識水平不同造成的。如果我們都能夠寬容地對待別人,那麼,我們就可以贏得時間,使矛盾得以緩和。反之,如果針鋒相對,非要討一個公道,辯出個是非,那麼就會爭吵不休,結果是傷害了感情,影響了友誼。要允許別人和我們的想法不一致,甚至要允許別人犯錯誤,如果人和人都是一樣的,那麼,這個世界還有什麼意思?

第四篇 立身之則

人生智慧

「見危致命，見得思義」，這是君子之所為，在需要自己獻出生命的時候，他可以毫不猶豫，勇於獻身。同樣的，在有利可得的時候，他往往想到這樣做是否符合義的規定。這是孔子思想的精華點，也是我們後人需要虛心學習的重要內容。

見危致命是獻身精神，見得思義是廉潔風範。說起來，兩條都是非常重要而對於我們具有現實意義的。這就是過去大家常說的「吃苦在前，享受在後。」但具體落實到我們每個人頭上，關係到我們的切身利益，我們又會怎麼想怎麼做呢？比如說，當我們在長途公共汽車上遭遇車匪路霸時，你是挺身而出進行鬥爭還是乖乖地摸出自己的錢包遞上去呢？又比如說，當你有一定權力在手時，人家給你賄賂而讓你開開方便之門，這時你是臉不紅心不跳地領而受之還是要想一想這東西你是否能接受呢？如此等等，都是考驗你是否具有「見危致命，見得思義」精神的時候，你算不算得上是一個純正的讀書人，也在這些時候見出本色來。

【原文】

子張曰：「士見危致命，見得思義，祭思敬，喪思哀，其可已矣。」

【譯文】

子張說：「士遇見危險時能獻出自己的生命，看見有利可得時能考慮是否符合義的要求，祭祀時能想到是否嚴肅恭敬，居喪的時候想到自己是否哀傷，這樣就可以了。」

論語

【原文】

子夏之門人問交於子張。子張曰：「子夏云何？」對曰：「子夏曰：『可者與之，其不可者拒之。』」子張曰：「異乎吾所聞：君子尊賢而容眾，嘉善而矜不能。我之大賢與，於人何所不容？我之不賢與，人將拒我，如之何其拒人也？」

人生智慧

一生中人會遇到很多種朋友，有酒肉朋友，還有良師益友，前者不過消遣之交，後者影響顯著並給了生活中很多幫助。但你是否思量過這些人裏有多少是對你生命歷程裏有幫助和提攜的？又有多少需要你這個朋友去幫助和提攜的？在你春風得意時，身邊有很多朋友，吹捧著你，給你的虛榮心極大的滿足！可當你有困難遭遇挫折失敗時，還能有幾人在你身邊？還能有誰會給你安慰，給你幫助？冷淡、漠然，有的人還會給你致命的一腳！能給你安慰和幫助的才是真正的朋友！

真正的朋友會在你快樂時，與你分享；在你煩惱時聽你傾訴；在你困難時給你幫助。在你成功時，他們會用心分享著你的幸福，一個會心的微笑，一個眼神，足以讓你感受著友誼的存在；在你困難時，他們也會在你身邊，安慰你，扶持你，因為他們知道一份苦難有朋友分擔時，會給朋友重新站立的信心和勇氣。

阿拉伯傳說中，有兩個朋友在沙漠中旅行，在旅途中的某點他們吵架了，一個還給了另外一個一記耳光。被打的覺得受辱，一言不語，在沙子上寫下：「今天我的好朋友打了我一巴掌。」他們繼續

往前走,直到到了沃野,他們才決定停下。被打巴掌的那位差點淹死,幸好被朋友救起來了。被救起後,他拿了一把小刀在石頭上刻下:「今天我的好朋友救了我一命。」一旁好奇的朋友問道:「為什麼我打了你以後,你要寫在沙子上,而現在要刻在石頭上呢?」他笑著回答說:「當被一個朋友傷害時,要寫在易忘的地方,風會負責抹去它;相反的如果被幫助,我們要把它刻在心裏的最深處,那裏任何風都不能抹滅它。朋友之間相處傷害往往是無心的,幫助卻是真心的,忘記那些無心的傷害;銘記那些對你真心的幫助,你會發現這世上你有很多真心的朋友。」俗語說:你只需要花一分鐘注意到一個人;一小時內變成朋友;一天讓你愛上他;一旦真心愛上,你卻需要花上一生的時間將他遺忘,直至喝下那孟婆湯。

在這個酒綠燈紅、世態炎涼的社會,人的神經在漸漸地麻木,麻木著人們之間的關係,真正的友誼就像雨後的陽光,衝破憂鬱的烏雲,給你最真的溫暖!正如同你人生路上的一盞明燈,有了它,才有了走過挫折人生的方向和信心,生活也才會變得更精采!

【譯文】

子夏的門生向子張詢問怎樣結交朋友。子張說:「子夏是怎麼說的?」答道:「子夏說:『可以相交的就和他交朋友,不可以相交的就拒絕他。』」子張說:「我所聽到的和這些不一樣:君子既尊重賢人,又能容納眾人;能夠讚美善人,又能同情能力不夠的人。如果我是十分賢良的人,那我對別人有什麼不能容納的呢?我如果不賢良,那人家就會拒絕我,又怎麼談能拒絕人家呢?」

論語

【原文】

子曰:「見賢思齊焉,見不賢而內自省也。」

【譯文】

孔子說:「見到賢人,就應該向他學習、與他看齊;見到不賢的人,就應該自我反省(自己有沒有與他類似的錯誤)。」

人生智慧

曾子說:「吾日三省吾身。」三省,就是說要多次反省。歷朝歷代,凡讀書人,幾乎都能對此耳熟能詳。這個對自身的缺點加以檢查和糾正的舉措影響了中國幾千年的哲學和文化觀念,像後來宋朝發展起來的理學和明朝王陽明的心學,都是圍繞著這個「省」字。人如果缺乏「反省自己」的精神,就容易墮入自傲甚至盲目的泥潭。

然而,今天似乎不少讀書人特別是某些讀了書、做了領導的人,把這句話忘得一乾二淨。他們往往自以為是,從不自以為非,對下驕橫跋扈,對上搖頭擺尾。

反省不是否定自己,而是要多從自身考慮問題,問問自己是不是做得夠好,有沒有疏忽的地方,失誤在哪裡,又做錯在哪裡。一個人能夠平心靜氣地正視自己,客觀地反省自己,既是一個人修德養性必備的基本功之一,又是增強人之生存實力的一條重要途徑。

反省自己是成功的保障和力量的源泉,誰擁有了這個經過靜慮所得到的經驗,誰就會擁有智慧而又快樂的人生。

論語的人生智慧

第五章
治學之方

學乃聖人之術，不能濫竽充數，否則只能貽笑大方，治學者要謙虛和遜、儒雅睿智、目光平和而內斂。舉手投足間顯示智者的從容和學者的風範，要善於向身邊的任何事情學習，要適應時代的進步，此乃治學之方。

論語

【原文】

曾子曰：「吾日三省吾身：為人謀而不忠乎？與朋友交而不信乎？傳不習乎？」

【譯文】

曾子說：「我每天多次反省自己——為別人做事盡心竭力了嗎？與朋友交往誠實嗎？老師傳授的學業溫習了嗎？」

人生智慧

　　曾子所說的「三省」雖然是普通尋常的事，但確實是容易疏忽的事。在這三項中，「為人謀」有兩層意思：一是為上級謀劃，盡下屬之忠；二是為他人出主意，盡信任之忠。不過，從早期儒家思想來看，無論是忠還是信，都不是無原則的。也就是說，一方面不要為那種不合乎道德原則的事情出謀劃策；另一方面，面對不義之事，唯一的忠是指出其不義，並設法以適當的方式糾正。

　　在英國有個石匠曾經時不時做些石匠活糊口。然而這一行逐漸不景氣，他找不到活幹，也就沒有了收入，貧困正一步步逼近。在進退兩難之際，他拜訪了一位靠教法語為生的流浪學者。石匠向他徵求意見，詢問自己應該做什麼事來養家。

　　流浪學者回答道：「你做一名教師吧。」

　　「教師？」石匠聞言大吃一驚，「可我只是個幹體力活的，平常說話都用方言土語，我怎麼幹得了教師這個職業呢？您別拿我開玩笑了。」

　　「不，我是認真的。」學者嚴肅地說：「我再說一遍，你做教師吧。你可以來跟著我，我教你法語，教你如何做一名合格的教師。」

　　石匠連聲回答：「不，不，不，我辦不到。我

都這麼大年紀了,不再適合學習了。再說了,我根本不是做學者的料,我肯定是成不了教師的。謝謝您,先生。」

石匠轉身走了。他到處找石匠活幹,走遍了方圓幾英里的城鎮鄉村,都沒有找到工作。他不得已又回到倫敦,拜訪那位流浪學者:「我到處找活幹,還是沒有找到。要不我就試著做個教師吧。」於是,他拜學者為師,學習法文。

在學者的指導下,他成了一個思維敏捷、才智傑出、擅長運用所學知識的人。他很快掌握了基本的語法知識、句子結構和組句規則,還花了很大精力練習法語的發音。不久,他的導師認為他能夠去教別人法語了。恰好有一個招聘教師的廣告他的朋友就推薦他去應聘,他被錄用了。

通過這個故事我們可以知道,人要時時刻刻地從自身找原因,不但要重視處在各種關係中的個人,也要反省自己,方能給自己帶來價值與成功。

論語

【原文】

子曰:「君子不重,則不威;學則不固。主忠信。無友不如己者。過,則勿憚改。」

【譯文】

孔子說:「君子如果不自重,就不會有威嚴;所學的東西也不牢固。要以忠信為主,不與不如自己的人交朋友。有了過錯,就不要怕改正。」

人生智慧

孔子強調君子要以忠和信這種道德為主,何為忠,就是對君王的正確態度;信就是對朋友的正確態度。孔子認為有了這種種正確態度,才可以稱為君子,才可以在社會上立足安身。對君王不忠,對朋友無信,便是小人。

一個弟子曾向孔子求教:「師父,要和什麼樣的人交朋友呢?」

孔子回答道:「去和儒雅之人交友吧!」

「什麼樣的人才算是儒雅之人呢?」

孔子沈默了一會兒,接著回答道:「首先,正直的人就是儒雅之人,其次,有信義的人也是儒雅之人,博學多才,滿腹經綸之人也為儒雅之人。與這三種人為友,就會對你百益而無一害。」

弟子接著又問道:「那麼,何為小人呢?」

「首先,只關心自己利益的人,就是小人,其次,表面上誠實厚道,但內心裏詭計多端之人也是小人,言而無信之人也為小人。與這三種人為友,將會對你百害而無一益的。」

「師父,弟子明白了。」

弟子連連點頭稱是,退了出來。

佛陀說:「開始眾生都有如來智慧德相,只因

為妄想執著，不能證得。」中國淨土宗十三祖印光法師曾經說：「看一切人都是菩薩，唯獨我是凡夫！」孔子說過：「三人行，必有我師焉！」聖人千言萬語都要我們消除分別心，發出平等心、慈悲心，怎麼還會歧視眾生呢？所以謙虛是一種美德，孔子在這裏是加以提倡的。

對於不要和不如自己的人交朋友的問題，歷來有不同的理解。一種理解說，如果人人都只和比自己好的人交朋友，那就誰也沒有朋友可交了，由此而認為聖人所說有操作上的困難。另一種理解則認為「無友不如己者」不可作拘泥的理解。

聖人所說，絕不是教人先計量彼此的高下優劣再定交朋友的條件，如果這樣，不是成為交情當中的勢利眼了嗎？聖人所說，不外乎是要求我們在交朋結友中著眼於人家比自己好的部分中看到自己的差距，從而不斷提高自己，完善自己。從這樣的角度來理解，我們就能明白這一句與「過則勿憚改」之間的內在聯繫，而不至於認為是空穴來風，毫不相干的了。

【原文】

「不患人之不己知，患不知人也。」

【譯文】

孔子說：「不怕別人不了解我，就怕自己不了解別人。」

人生智慧

別人可以不了解自己，但一定要了解對方的實力。要做到知己知彼，而不能盲目攀比。下面這則寓言生動地說明了這個道理：

有一天，一個國王獨自到花園裏散步，使他萬分詫異的是，花園裏所有的花草樹木都枯萎了，園中一片荒涼。後來國王了解到，橡樹由於沒有松樹那麼高大挺拔，因此輕生厭世死了；松樹又因自己不能像葡萄那樣結許多果子，也死了；葡萄哀歎自己終日匍匐在架上，不能直立，又不能像桃樹那樣開出美麗可愛的花朵，於是也死了；牽牛花也病倒了，因為它歎息自己沒有紫丁香那樣芬芳；其餘的植物也都垂頭喪氣，沒精打采；只有十分細小的心安草在茂盛地生長。國王問道：「小小的心安草啊，別的植物全都枯萎了，為什麼你這小草這麼勇敢樂觀，毫不沮喪呢？」

小草回答說：「國王啊，我一點也不灰心失望，因為我知道，如果國王您想要一棵橡樹，或者一棵松樹、一叢葡萄、一株桃樹、一株牽牛花、一棵紫丁香等等，您就會叫園丁把它們種上，而我知道您希望於我的就是要我安心做小小的安心草。」

這一則寓言告訴人們：生活中的許多煩惱都源

於盲目地和別人攀比，而忘了享受自己的生活。

　　有時候人往往會覺得自己的能量很小，無法戰勝對手，而處於灰心喪氣的狀態，本來可能會完成的工作，卻因為這種心理狀態而讓自己處於劣勢，而當真正發生的時候，才知道對方並沒有自己強大，卻因為自己的不自信，對方的自信，而使得你失敗。所以，不管自己處於一種什麼狀態，都不要輕易放棄，即使自己的能量很小，也可以借助外力和其他方法解決一些事情。

《孔子聖跡圖》之望吳門馬

論語

【原文】

牢曰：「子云：『吾不試，故藝。』」

【譯文】

子牢說：「孔子說：『我沒有被大用於世，所以能學得許多技藝。』」

人生智慧

也許自己的才藝沒有被人所理解和賞識，或者自己本身無才無藝可以為人所用，那麼就要廢寢忘食地去學習，去請教別人，直到能熟練地掌握各種技藝，而且儘量要從自己本身尋找不被任用的原因，加以改正。

有一個叫比爾的很不滿自己的工作，他憤憤地對朋友說：「我的上司一點也不把我放在眼裏，改天我要對他拍桌子，然後辭職不幹。」

朋友問他：「你對那家貿易公司完全弄清楚了嗎？對他們做國際貿易的竅門完全搞通了嗎？」

比爾搖了搖頭，不解地望著朋友。

朋友建議道：「君子報仇十年不晚，我建議你把商業文書和公司組織完全搞通，甚至連怎麼修理影印機的小故障都學會，然後再辭職不幹。」

看著比爾一臉迷惑的神情，朋友解釋道：「你用他們的公司，當作免費學習的地方，什麼東西都通了之後，再一走了之，不是既出了氣，又有許多收穫嗎？」

比爾聽從了朋友的建議，從此便默記偷學，甚至下班之後，還留在辦公室研究寫商業文書的方法。

一年之後,那位朋友偶然遇到比爾,問道:「你現在大概多半都已經學會了,準備拍桌子不幹了吧?」

「可是我發現近半年來,老闆對我刮目相看,最近更是不斷加薪,並委以重任,我已經成為公司的紅人了!」

「這是我早就料到的!」他的朋友笑著說:「當初老闆不重視你,是因為你的能力不足,卻又不努力學習,而後你痛下苦功,當然會令他對你刮目相看。」

對任何人來說,如果自己也遇到「不試」的境況,那麼:一、不怨天尤人;二、從自己的德才方面找出差距和存在的問題;三、發個狠心,堅決從自己感興趣的某個方面深入鑽研下去,這樣,總能

《孔子聖蹟圖》之孝經傳曾

夠成才，也一定會被人所理解、賞識的，是能夠擔當大任的。

《孔子聖跡圖》之儀封仰聖

第五篇 治學之方

人生智慧

孔子的這番話是在他40多歲時講的。那時，他從齊國遊仕而歸，自認為已達到了「不惑」的思想境界，特別是在政治上，他已有了自己的明確主張，希望魯國能及時任用他。但是，當權魯國的所謂「三家」，即孟氏、叔氏和季氏，一方面根本瞧不起孔子這布衣求仕者，另一方面也為自己的內部矛盾所困擾。所以，孔子急迫的從政之念未能馬上實現。不得已，孔子只好與門人一起，在「學」之中尋求樂趣。

在孔子思想中，「學」具有根本性的地位。在孔子心目中，學的範圍從來都是寬廣的。學書本是一方面，但學做人、學禮樂、學從政、學生活常識等等，都是孔子之學的部分。當然，孔子並不贊成學習「君子」職責之外的事務。但是，無論學什麼，均須適時溫習。孔子在此所講的「時」並不一定指某個特定時間，只是泛泛而論，泛指適時或及時，是針對「習」而言的。所謂「習」是溫習學過的一切，其中含有實踐或實際應用的意思。也就是說，愉悅來自學和習。因此，學與習就成了不可分割的同一事物的兩個方面。

中國歷史上最著名的和尚之一趙州和尚有段著

【原文】
子曰：「學而時習之，不亦說乎？有朋自遠方來，不亦樂乎？人不知，而不慍，不亦君子乎？」

【譯文】
孔子說：「學到的知識能時時溫習和練習，不是很愉快嗎？有志同道合的朋友從遠方來，不是很令人高興的嗎？別人不了解我，我卻不怨恨、惱怒，不也是一個有德的君子嗎？」

名的公案：有人問：「什麼是道？」

趙州和尚說：「吃茶去。」

這人以為趙州和尚沒聽清，又說了一遍，趙州和尚還是說「吃茶去」。不但如此，無論這人問什麼，趙州和尚都說「吃茶去」。

這人煩了渴了，就去找水，不知不覺茶到嘴邊，一愣，猛地醒悟了趙州和尚的禪機，心裏痛快得不得了，大叫一聲，把茶吃了。

很多北方朋友可能不習慣「吃茶」這個說法，現在南方人還說「吃茶」，保留了古風。「吃茶」就是喝茶，而不是把茶葉渣吃了。「吃茶去」就是「喝茶去」。

趙州和尚說「吃茶去」是什麼意思呢？一是讓人該幹嗎幹嗎；二是告訴人生活即生命，生命即大道；三是一切皆道，不分茶與非茶。

那個問道的人悟的是第一層意思，進而悟出了第二層意思，第三層可能沒有悟出。

趙州和尚這段「吃茶去」的公案與孔子在此處講「學而時習之」有異曲同工之妙。一般人以為啊呀呀不得了，孔子既然是大聖人，那麼他的書一定高深得不得了，誰知打開書一看第一句話就是句大白話，不由大跌眼鏡，驚呼上當，連聲失望。

這種人是弱智兒童，比8個月大的嬰兒還笨。孔子何曾騙人，他說「學而時習之」自有道理，不懂的人以為是杯白開水，懂的人才知道這是一杯生

命之源。

孔子說:「學而時習之,不亦說乎?」就是讓我們要不斷喚醒潛能,這樣才會輕鬆快樂。

父母親照顧嬰兒當然是全身都照顧,而不是只照顧一手一腿。同樣的,我們呵護自己的心靈也要全方位的。

真正的學習不是知識性學習,而是精神性學習,通過喚醒潛能獲得生命的愉悅,就像嬰兒吃奶。嬰兒吃奶不是用學的,天生就會,我們的快樂也是天生就有,只要常學習喚醒就可以治癒人生的各種痛苦。

治學離不開前輩學人的指點和獎掖,良師益友是治學者的最大財富,閉門造車總是吃力而不見效,所謂「獨學而無友,則孤陋而寡聞」是也。因

《孔子聖跡圖》之晏嬰沮封

論語

此，要選擇自己感興趣的學問為主攻方向，讓自己樂此不疲。誰也沒法保證自己能成正果，但至少可以讓這修煉的過程保持美好的狀態，許多時候，過程甚至比結果更重要，學習本身也就是一個過程，所以選一個能讓自己興奮的目標很關鍵。另外，我們應該學習或培養繼續學習的習慣。學到的知識慢慢增多，讀完的書也慢慢堆滿書架時，回頭發現其實這麼多年來，真正屬於自己的東西不是很多。讀過很多的書，見過很多的人，但是讀完的書就如同見過一次面的陌生朋友一樣，早已經忘得一乾二淨。所以，為了讓自己真正快樂起來，以後一定要「學而時習之」。

中小學生需要繼續學習，有高學歷者同樣需要繼續學習，因為靠鬍子和經驗過日子的社會已經成為明日黃花。一旦這繼續學習的習慣養成，它就成為你生活中的一部分，於是學習的快樂也就是你生活的快樂，學習的旅程中，你會發現許多新的東西，它們崇高又美好，會讓你產生恆久的感動。

第五篇 治學之方

人生智慧

對照我們自己的學習，沒有哪一個不是在「溫故而知新」的前提下掌握知識的，於是，人們感歎孔子對中國教育的重大貢獻。他認為，不斷溫習所學過的知識，從而可以獲得新知識。人們的新知識、新學問往往都是在過去所學知識的基礎上發展而來的。因此，溫故而知新是一個十分可行的學習方法。

「聰明在於學習，天才在於積累。縱覽人類歷史，可以說各類傑出人物繁如浩空星辰，沒有哪位不注重「溫故而知新」的，當然，不管是學習新知識，還是復習舊知識，都需要勤奮的努力。

例如毛澤東，一生閱讀書籍達萬餘冊，無論是在殘酷的戰爭年代，還是在繁忙的社會主義建設時期，他都不忘抓緊時間讀書學習。他告誡自己「一天不讀書是缺點，三天不讀書是錯誤」。魯迅先生之所以成為偉大的文學家，是因為他把別人喝咖啡的時間都用於學習上了。舉世聞名的數學家華羅庚，因家境貧窮，15歲時中學二年級被迫退學，回家幫助父親打理小雜貨店謀生。他從別人那裏借來幾本數學書邊賣貨邊學習，晚上在店鋪中的油燈下每天學習到深夜。他17歲時患傷寒，無錢治療在床

【原文】
子曰：「溫故而知新，可以為師矣。」
【譯文】
孔子說：「在溫習舊知識時，能有新體會、新發現，就可以當老師了。」

上躺了半年，成為膝關節僵直的跛子，但仍拄著拐杖到處借書繼續學習，五年間發表論文十餘篇。清華大學數學系主任熊慶來發現了他，請他到清華大學任圖書管理員兼數學系助教。後來他被保送到英國康橋大學進修數學，在這期間又攻克了四道國際數學難題，創立了「華氏定律」。

總之，許許多多的傑出人物，都以其人生的成功驗證著「學不可已矣」、「學不可以不溫故」這一重大的人生命題。

在這些傑出人物面前，人的年齡段被打破了，無論少年、青年、老年都不停頓地學習；各種困難障礙也被衝破了，在患病、窮困、繁忙等條件下都以其頑強的毅力堅持學習。

人生智慧

　　光有知識不能產生能力，沒有連接的知識會很快的遺忘和消失，故學而不思則罔，思而不學則殆。一個人從接受知識到運用知識的過程，實際上就是一個記與識、學與思的過程。學是思的基礎，思是學的深化，也是向「己有」知識的轉化。如果說胃、腸、肝是人攝取食物的消化系統，那麼，大腦則是人吸收知識的轉化系統。包羅萬象、林林總總的知識，總是通過大腦的思考才能消化、吸收，變成自己實實在在的能力的。反之，如果「食古不化」、「食洋不化」、「食書不化」，即使學富五車，這個人的大腦充其量不過是一個文字符號的記憶體而已。

　　讀死書，死讀書，而不用自己的頭腦思考，到最後只是知識的堆積，百家千說雜糅一體，無所取捨，沒有主見，自然是書讀得越多，人越迷惘。儒家另一位大家孟子認為：「盡信書不如無書。」西方哲學家叔本華說，倘若沒有主見地去讀書，則如同把自己的頭腦當成別人的跑馬場。總之我們的頭腦是用來思考的，不是裝雜物的麻袋。另一方面，只思考不學習，往往會思而無結果。知識是我們思考的物質基礎，況且很多東西，前人已有科學結

【原文】
　　子曰：「學而不思則罔，思而不學則殆。」
【譯文】
　　孔子說：「只讀書學習，而不思考問題，就會惘然無知而沒有收穫；只空想而不讀書學習，就會疑惑而不能肯定。」
【原文】
　　子曰：「吾嘗終日不食，終夜不寢，以思，無益，不如學也。」
【譯文】
　　孔子說：「我曾經整天不吃飯，徹夜不睡覺，去左思右想，結果沒有什麼好處，還不如去學習為好。」

論語

【原文】

子曰：「由！誨女（汝）知之乎！知之為知之，不知為不知，是知也。」

【譯文】

孔子說：「由，我教給你求知的正確態度，你明白了嗎？對待知識，知道的就是知道，不知道就是不知道，這就是智慧啊！」

【原文】

子曰：「蓋有不知而作之者，我無是也。多聞，擇其善者而從之，多見而識之，知之次也。」

【譯文】

孔子說：「有這樣一種人，可能他什麼都不懂卻在那裏憑空創造，我卻沒有這樣做過。多聽，選擇其中好的來學習；多看，然後記在心裏，這是次一等的智慧。」

論，我們為什麼不直接獲取呢？間接地學習知識，可以極大地提高學習效率。

「書山有路勤為徑，學海無涯苦作舟。」這句催人奮進的讀書格言，最早由《大公報》著名報人王芸生於20世紀30年代提出，一經問世，便傳誦不迭，激勵著人們刻苦讀書。但是，當我們步入書山和學海的時候，面對閃耀智慧的思想、豐富深邃的知識時，很容易在書山學海中迷路，失去自我。我被書所佔領、所改變、所駕馭，成為一個任「書」主宰，隨「書」逐流的被動體。所以，正確的做法是學與思有機結合，既要「鑽進去」，又要「跳出來」。「鑽進去」，就是虛心學習，理解本質，把握精髓，有所心得，有所發現；「跳出來」，就是回到現實，服從真理，有所懷疑，不輕易附和。要做到學要虛心一些，思要大膽一些。

智慧是知識的湧現，我們通過閱讀、傾聽獲得知識，但得到的只是一個個知識點，需要不斷地思考和實踐運用，把這些點連接起來，又會湧現出結構，融會貫通，能夠以此洞察事物內在的聯繫和影響，這才是經驗或者更高層次的智慧。

第五篇 治學之方

人生智慧

如果一個人對自己不明白的問題加以隱瞞，不去向別人請教，在別人面前仍然不懂裝懂，那他就是「大無知」、太虛偽了。人不懂並不可怕，可怕的是不懂裝懂。在這個世界上沒有一生下來就上通天文，下知地理，曉古通今的人，人們都是在不斷的學習探索中不斷充實自己的，只有虛心向別人學習，不恥下問，才能不斷進步。否則我們若像南郭先生那樣「濫竽充數」，那只能是被後人貽笑大方，最終被社會淘汰。讓我們一起努力學習，老老實實做學問，踏踏實實幹事情！

幾乎每個人的知識面都是有限的，學問上的精通是相對的，認知上的缺陷是絕對的。世上沒有無所不知、無所不能的「全才」，儘管人們都在朝著這個方向努力。「知而好問然後能才」，聰明而不自以為是，並且善於向別人學習請教的，才能成才。敢於承認有些事情道理「不知道」，正是求得「知道」的基礎；「不知道」的強說「知道」，自作聰明，欺人自欺，最終貽笑大方。

【原文】

達巷黨人曰：「大哉孔子！博學而無所成名。」子聞之，謂門弟子曰：「吾何執？執御乎？執射乎？吾執御矣。」

【譯文】

達巷黨這個地方有人說：「孔子真偉大啊！他學問淵博，因而不能以某一方面的專長來稱讚他。」孔子聽說了，對他的學生說：「我要專長於哪個方面呢？駕車呢？還是射箭呢？我還是駕車吧。」

【原文】

子曰：「吾有知乎哉？無知也。有鄙夫問於我，空空如也。我叩其兩端而竭焉。」

【譯文】

孔子說：「我有知識嗎？其實沒有知識。有一個鄉下人問我，我對他談的問題本來一點也不知道。我只是從問題的正反兩方面去考慮，這樣對此問題就可以全部搞清楚了。」

論語

【原文】

子貢曰：「夫子之文章，可得而聞也；夫子之言性與天道，不可得而聞也。」

【譯文】

子貢說：「老師講授的禮、樂、詩、書的知識，依靠耳聞是能夠學到的；老師講授的人性和天道的論述，依靠耳聞是不能夠學到的。」

人生智慧

有時候，您是否有過這樣的感悟：當我們向既定目標奮進之際，內心多麼渴望前面有航標燈引領我們的航船，有志同之士點撥方向，有親切的話語拂去征途的勞頓。自然也好，人性也好，都是極富神祕性的東西。有的東西可以通過讀書學習掌握，但有些東西通過典籍學習是不能夠領悟到的，只能聽從名師的指點，只能憑自己的實踐和悟性慢慢領悟。這就是學習，只有這樣的學習，我們才能不斷進步。

世界上有兩本書：一是現實的無字書，一是裝釘成一本一本的有字書。

人小的時候要多讀有字書，年齡增加，漸漸長成，就要會讀無字書，能獨立地去生活、創造。事實上人多讀有字書，也是為了更會讀現實的無字書。

某日，齊桓公在大堂上讀書。

在齊桓公潛心讀書的時候，他請的一個做車輪的師傅輪扁，正在堂下拿著木頭砍砍削削地做著他的車輪。

突然，輪扁丟下錘子和鑿子，快步走到大堂上，不可理解地問桓公說：

「可不可以問您讀的什麼書呀?」

桓公說:「記錄聖人言論的書。」

「聖人還在嗎?」

「已經死了。」

「既然這樣,那君王所讀的便是古人經驗的糟粕了。」

桓公一聽輪扁這話,便很不高興,拉下臉說:「我讀書,你一個做輪活路的手藝人,怎麼可以妄加議論呢?你必須說說清楚!有道理,那就算了;要是說不出道理,那就罪該處死。」

輪扁不慌不忙地說:「就拿我做的手藝來看。我砍削輪子,要是榫太鬆了,就不牢固,榫頭雖是打進去,但很快也就會滑脫出來的。要是太緊了,榫頭就打不進去,或者乾脆打壞了材料。只有不鬆

《孔子聖跡圖》之克服傳顏

不緊才得心應手。

「不鬆不緊說來容易，但實際做起來的訣竅卻是沒法兒說出來的。你說沒有訣竅，為什麼我總比別人做得好、做得快，而且做起輪子來總比別人來得從容不迫？這當中竅門是實實在在有的。」

「而且，這訣竅我不可能告訴我的兒子，我的兒子也沒辦法從我手中接受過去。我可以告訴他，這訣竅怎麼怎麼的，但我說出的訣竅已不是什麼訣竅。因為，做這門手藝的工匠都這麼說。大家都能說出的訣竅，算什麼訣竅呢？」

「我活了七十歲，一輩子都是砍削車輪。古時候的人連同他們的那些不可言傳的訣竅，隨古人都死去了，我的訣竅是從我自己切身操作體會出來的。這樣，君王忘記自己現實的操作，卻成日裏專心致志地從古人的言論中尋找治國祕方，那得到的如何不是古人的糟粕呢？」

齊桓公默不作聲，心裏實在覺得輪扁說得在理。為人處事，真正的訣竅像酒，隨著人的行動一同出現、一同消失，說出來的大概也只能算是糟粕了，無非聞到一點酒味兒，讓人想像到什麼是酒。這就是書本的真正作用。

書本的作用如此，這不是把書本上的知識看得一錢不值，而是說有字書一定要和現實生活與工作的無字書結合起來讀，這實際也就是現代人說的理論與實踐相結合。

人生智慧

要善於從身邊人的身上學習長處,博採眾長,你才能走得更快。從別人身上學習長處,不但是你謙虛的表現,還是你聰明的表現,因為你是在走捷徑。如果你的身邊有十個人,你從每一個人身上學到一樣東西,那麼你就擁有了十種本領或者十個優點,你不就一下子進步很多了嗎?每個人都有閃光點,就看你如何去發現,發現後是否能夠記在心上,並用心地去跟人家學習。

和經商的人學習應變能力,和上司學習管理,和同事學習相處之道,總之,我們身邊接觸到的每一個人都可能在某一方面成為我們的老師。比如,我曾經認識一個朋友,她叫小趙,我發現很多人都喜歡跟她交往,後來我仔細觀察了小趙,原來她很喜歡笑,看到誰都是一臉甜甜的笑容,很有親切感,而且她心胸開闊,誰跟她開玩笑她都不會發脾氣。我也試著跟她學,收起了冷漠的面孔,取而代之的是輕輕的微笑,結果沒用多久,我就發現我的人際關係改變了很多,以前不曾說過話的同事也喜歡跟我打招呼了。

後來一個跟我關係較好的同事告訴我,你最近變了很多,以前跟誰都是板著一張臉,讓人望而生

【原文】

子貢問曰:「孔文子何以謂之文也?」子曰:「敏而好學,不恥下問,是以謂之文也。」

【譯文】

子貢問道:「為什麼給孔文子一個『文』的諡號呢?」孔子說:「他聰敏勤勉而又愛好學習,不以向比他地位卑下的人請教為恥辱,所以給他諡號叫『文』。」

【原文】

曾子曰：「以能問於不能，以多問於寡，有若無，實若虛；犯而不校——昔者吾友嘗從事於斯矣。」

【譯文】

曾子說：「以自己的多才多能卻能向沒有才能的人請教，以自己知識多卻向知識少的人請教，有學問卻像沒學問一樣；知識很充實卻好像很空虛；被人冒犯也不計較。從前我的朋友就這樣做過了。」

畏，最近怎麼心情大好，肯笑了呢？我一聽就明白了，原來連微笑都可以學習別人。而且學了之後，自己確實能夠有所收穫。

向別人學習，看似簡單，卻需要你放下架子，不能對誰都是一副「他有什麼了不起」的態度，不能看誰都不如自己。放下架子很難，需要你虛心一些，寬容一些，理智一些。還有，你還要做一個細心的人，才能發現身邊人身上的優點，比如，有的人愛笑，有的人愛乾淨，有的人誠實，有的人大方，這些優點不一定表現得很明顯，需要你用心去發現。不斷地學習，不斷地進步。在這個過程中，你是最大的獲益者，不僅能夠收穫做人的智慧，還能收穫謙虛的口碑。

《孔子聖跡圖》之子西沮封

論語的人生智慧

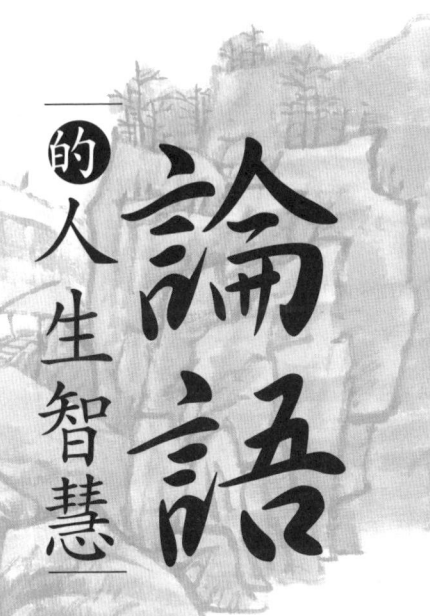

第六章
入道之門

入道在佛教中稱作入門修行,對我們普通人則是為了立業成就一番事業。世態萬千,古人教導我們做一個內聖外王的人,指出那才是成功之道。

論語

【原文】

子張問行。子曰：「言忠信，行篤敬，雖蠻貊之邦，行矣。言不忠信，行不篤敬，雖州里，行乎哉？立則見其參於前也，在輿則見其倚於衡也，夫然後行。」子張書諸紳。

【譯文】

子張問如何才能使自己到處都能行得通。孔子說：「說話要忠誠守信，行事要敦厚恭敬，即使到遙遠的邊荒地區，也可以行得通。如果說話不忠信，行事不篤敬，就是在本鄉州里，能行得通嗎？站著，彷彿看到『忠信篤敬』這幾個字顯現在面前；坐車，就好像看到這幾個字刻在車轅前的橫木上，這樣才能使自己到處行得通。」子張把這四個字寫在腰間的衣帶上。

人生智慧

真誠是打開這個世界的一把金鑰匙，你可能是一個一文不名的窮人，你可能一再地跌倒，至今仍然沒有功成名就。這些並不重要，重要的是如果你擁有了真誠，就不會有人不尊重你。

美國道格拉斯飛機製造公司為了賣一批噴射客機給東方航空公司，創始人唐納·道格拉斯本人專程去拜訪東方航空公司的總裁艾迪·利貝克。

利貝克告訴他說，道格拉斯公司生產的新型DC3飛機和波音707飛機是兩個競爭對手，但均有一個共同的毛病，那就是噴射發動機的噪音太大，並表示願意給道格拉斯公司一個機會，如能在減小噪音方面勝過波音公司的話，就可獲得簽訂合同的希望。

當時這對道格拉斯公司來說，是一樁多麼重要的買賣啊！但是，道格拉斯回去與他的工程師商量後，認真地答覆說：「老實說，我想我們沒有辦法實現你的這一要求。」

利貝克說：「我想也是這樣的，我這樣做的目的，只是想知道你對我是否誠實。」

由於道格拉斯的誠實打動了利貝克，贏得了他的信任，他終於聽到了一直期待的好消息：「你將

獲得16500萬美元的合同。現在,去看看你如何將那些發動機的噪音控制到最小的程度。」

道格拉斯憑著他的誠實,獲得了訂單。試想,如果當時道格拉斯誇誇其談,滿口答應能將發動機噪音降低多少分貝,那麼將是一種什麼樣的結局呢?恐怕道格拉斯要碰一鼻子灰,空手而歸。

你在這個世界上獲得的快樂也絕不會比那些億萬富翁少。我們都討厭虛偽,討厭惺惺作態,討厭表裏不一。我們都希望與真誠的人為伍,但是同時不要忘了,首先我們自己要做一個真誠的人。真誠是人類社會永遠的共識,任何時候,真誠都是帶給人愉悅和信任的天使。平淡的生活中,似乎很容易就能做到真誠,因為你並不需要付出什麼,更不用損害自己的利益,你只須用動聽的語言就可以打動

【原文】
　子曰:「君子喻於義,小人喻於利。」
【譯文】
　孔子說:「君子懂得的是義,小人懂得的是利。」

《孔子聖跡圖》之職司乘田

論語

你的朋友。但是在考驗面前，真誠與虛偽卻可以一目瞭然。真誠地做人，就算暫時吃一些虧，但是日後必然能夠換來豐碩的果實，你付出了桃李，別人當然會回報你以瓊瑤。好人自有好報，真誠的人一生都會得到別人的尊重。

　　無論你從事的職業是高貴還是卑賤，無論你知識豐富還是貧乏，無論你多麼偉大或者多麼藐小，只要你是一個真誠的人，你的人生就沒有什麼可後悔的！一個人只要真誠地待人處事，就會很容易獲得他人的好感，並且能夠與他人愉快地合作。

人生智慧

無論是古代還是現代,守信用都是生活常識。國與國之間沒有信用,發重誓訂下的盟約,回頭就變成一張廢紙;統治者與百姓之間沒有信用可談,朝令瞬間夕改。所以,信用問題就是生存問題。這迫使孔子不得不大聲疾呼:「作為人卻不講信用,我不知道他將成為什麼樣子。無論是大車還是小車,如果沒有輗和軏,還能行走嗎?」

誠信是經商之本。商人要想使自己的事業有大的發展,必須講商業道德。例如古代有位商人因為失信於人竟斷送了自己的性命。

從前,濟陽(今山東省定陶縣)有一個商人,渡河時船翻了,他不會泅水,差點淹死,而河面上有一捆枯草,他死命地抓住這捆枯草,大聲地喊叫救命。

有一個打魚的人,聽到喊聲,急忙架著小船去救他。商人看見漁夫,連忙喊叫說:「快來救我!我是濟陽縣的一個大富商,有萬貫家產,如果你救了我,我可以給你一百兩金子!」

於是打魚的人就把他救了上來。而富商領著漁夫到家裏取錢時,卻變了卦,只給漁人十兩金子。漁夫說:「你剛才應許我一百兩金子,現在卻變成

【原文】
子曰:「人而無信,不知其可也。大車無輗,小車無軏,其何以行之哉?」

【譯文】
孔子說:「人無信譽,不知能幹什麼?就像大車沒有車軸,小車沒有車軸,怎麼能啟動?」

了十兩金子,這不是不講信用嗎?」商人聽了,不但不兌現自己的諾言,反而勃然大怒說:「『信用』只是兩個字。它能值多少錢?你是一個打魚的人,你打一天魚能掙多少金子?現在你不費多大力氣便得到十兩金子,難道還不滿足嗎?」漁人知道商人耍賴,再爭辯也沒有用,便扭頭走了。

過了十幾天,這位商人從呂梁一帶販了一批貨物,順水而下。不幸船到劉莊(在今山東省菏澤縣黃河岸邊)附近時,突然起了大風,船被大風掀翻了,商人在水中大喊救命。這時漁夫正在岸邊,不管商人怎樣呼喊,他也不去救。岸上的人對漁夫說:「你怎麼不去救救他呢?」漁人說:「他是濟陽的一個富商,我過去曾經救過他。他當時答應以重金酬謝我,事後卻變了卦,反而說『信用』只是兩個字,能值多少錢?我倒不計較酬金的多少,今天倒要叫他知道知道『信用』值多少錢。」岸上的人也氣憤地說:「不講信用的人,淹死活該。」只見那個富商在水面上翻了幾番,後來便深沈水中,再也不見了。

濟陽商人耍小聰明誤了身家性命,落人恥笑。好算計人的小人,無不以為自己聰明、妙算,但因為用心太過,反倒算計了自己。正如上例中富商所言:「『信用』只是兩個字,能值多少錢?」只計較一時的小利而不惜毀掉信用的人,才是真正的愚蠢,因為他丟了信用,縱使有萬貫家財,也不可能

再換回「信用」二字。

輗和軏是當時的馬車上固定車轅和車橫的銷子，沒有它們，馬車自然就不能行走；而失去了信用，人就寸步難行了。

《孔子聖跡圖》之夾谷會齊

論語

【原文】

子曰：「志於道，據於德，依於仁，游於藝」。

【譯文】

孔子說：「樹立崇高理想、培養高尚品德、心懷仁慈友愛、陶冶高雅情操。」

人生智慧

假如一個人能夠醉心於一件事，就意味著這個人有了一生的寄託。其實，在生活中，有許多值得你醉心的事，如醉心於棋牌，醉心於山水。

細心的朋友可以發現，凡藝術家與愛好藝術的人心都很好，美讓他們善。藝術也可以讓人孤僻，但不讓人孤獨。從這個意義講，藝術最接近於道。

1939年，棋王謝俠遜遠渡重洋，借棋勸募，宣傳抗日。勝利回國後，周恩來在重慶訪問了他，倆人還對弈了兩盤。周恩來不但棋法嫻熟，而且攻得猛，守得穩，神祕莫測。棋王對周恩來的棋技和棋道稱讚不絕。哲人喜歡象棋，是因為象棋上的每個棋子都充滿人生的哲理。

立志行道，以美德為根據，以仁義作依靠，暢遊在藝術樂趣中。「藝」者意也，藝術讓人生玩味出意思來，當然這是一種廣泛意義的藝術。

有了自己喜歡的技藝和樂趣，那是一種高尚的精神消遣和享受，還可以從中悟出很多人生哲理。我們每個人在人生的舞臺上扮演著不同的角色，有不同的生存意義和價值，把自己的興趣愛好凌架於自己的人生之上，那將是一種高雅的情趣。

第六篇 入道之門

人生智慧

這種態度,其實不僅僅限於事君,而應該把它推廣及對待一切工作,包括人際關係的處理。因為人與人相處,只有先求諸己,這才能求諸人,使對方得到相應的感召。這也是為人立身處世的根本,能做到這樣,就一定會有高尚的職業道德,勤勤懇懇的服務態度,生活中,有的人付出大於回報,有的人付出卻低於回報,但99%的人都會認為自己的付出大於所得的回報。曾有一位管理學家告誡人們:「疲於奔波生活著的人呀,別一味奢求大於或等於你付出的回報,那是不可能的!」

【原文】
　　子曰:「事君,敬其事而後其食。」
【譯文】
　　孔子說:「事奉君上,先要盡心力把職事辦好,而把食俸祿的事放在後面。」

《孔子聖跡圖》之西狩獲麟

論語

　　在瞬息萬變的商場上，作為一名成功的推銷員，能言善辯固然可取，誠實待客更是難得。明知不可為而欺瞞顧客，雖然騙得了一時，但遲早會露出狐狸尾巴。生意場上，誠實守信是糊塗經商學的長久之計。

　　1933年，經濟危機籠罩著整個美洲大陸，大小企業紛紛破產，許多曾經威風一時的老闆都加入到靠領取救濟金度日的行列中。那些尚在運行著的企業也是如臨深淵，小心翼翼地對待每一件事，唯恐出現一點小的紕漏，而導致整個企業的崩潰。

　　在這種危機四伏的時刻，哈理遜紡織公司發生了一起大火災，整個廠區淪為一片廢墟。這對哈理遜公司來說無疑是雪上加霜，3000名員工都悲觀地回到家裏，等待著老闆宣布公司破產和失業風暴的來臨。

　　他們在不安的漫長的等待中，終於等來了老闆發來的一封信，信裏只是告訴工人們在每月發薪水的那天，照常去公司領取這個月的薪金。

　　在整個世界一片蕭條，人人都在自保，不管他人死活的時候，能有這樣的消息傳來，員工們大感意外，他們紛紛寫信或打電話向老闆表示真誠的感謝。老闆亞倫・傅斯告訴他們：公司雖然損失慘重，但員工們更苦，沒有工資他們無法生活，所以，只要他能弄到一分錢，也要發給員工。

　　3000名員工一個月的薪水是一筆數額非常巨大

的資金,更何況紡織公司已經化成一片廢墟,別說是處在經濟蕭條期,就是在經濟上升期也很難恢復元氣。既然恢復業已無望,還要掏自己的腰包給已經沒有用的工人發工資,老闆不僅是糊塗透頂,簡直是瘋了。

亞倫·傅斯不僅糊塗這一次,而且還繼續糊塗下去。

一個月後,正當員工們為下個月的生計犯愁時,他們又收到老闆的第二封信,信上說再支付員工一個月的薪水。

3000名員工接到信後情不自禁,淚水奪眶而出。在失業席捲全國,人人生計無著,上班都拿不到工資的時候,能得到如此的照顧,誰能不感念老闆的仁慈與寬待呢?

《孔子聖跡圖》之觀蜡論俗

論語

老闆的糊塗終於有回報了，第二天，員工們陸陸續續走進公司，自發地清理廢墟，擦洗機器，還有一些人主動去南方聯繫中斷的貨源，尋找好的合作夥伴。

僅僅用了三個月，哈理遜公司重新運轉了起來，在當時的環境下這簡直就是一個奇蹟。奇蹟的取得是員工們忘我工作、日夜奮鬥的結果。

當初曾經有人勸說亞倫·傅斯領取保險公司的賠款，然後一走了之；見他傻乎乎地用錢給工人發工資，批評他感情用事，嘲諷他糊塗。而這時那些人真正理解了他的用人之道，看出了他的精明。

亞倫·傅斯用他寬以待人的管理精神，使自己的事業蒸蒸日上。現在，哈理遜公司已經成為美國最大的紡織公司，分公司遍佈五大洲60多個國家。

亞倫·傅斯的經歷告訴我們，捨得付出，就會有回報，而且是出乎意料的回報。

你可以廣結朋友，也不妨對朋友用心善待，但絕不可以苛求朋友給你同樣回報。善待朋友是一件純粹的快樂的事，其意義也常在如此。如果苛求回報，快樂就大打折扣，而且失望也同時隱伏。畢竟，你待他人好與他人待你好是兩碼事，就像給予與被給予是兩碼子事一樣。

人生智慧

與正直、誠實、講信，而又見聞廣、學問淵博的人交友，則能經常受到教益，對自己有幫助；而與慣於巧飾外貌，而內無真誠，面善態柔，工於媚悅、討好，且又巧言善辯，不忠誠的人交友，耳濡目染，則日生邪情，自然容易受損害。

人與人之間的影響是潛移默化的，在對方的影響下形成自己的性格和做事的方式、習慣。選擇朋友的時候一定要選擇和自己志同道合的朋友，但千萬不要和小人為伍。

塞鄧漢說過，和一個好人或者壞人說話時，人的下意識都會受到好或壞的影響，因此，一定要結交品行高尚的人，寧缺毋濫，寧可孤獨，不找小人為伴。

一天，俞伯牙彈琴，琴聲高昂激越，砍柴人鍾子期聞聲駐足道：「太好了！巍巍峨峨，如似泰山。」琴聲彈出奔騰迴盪的流水時，鍾子期又說：「太好了！多麼寬闊，有如長江黃河。」從此，俞伯牙和鍾子期成了朋友。後來鍾子期死後，俞伯牙摔斷琴弦，以後不再彈琴，以此酬謝鍾子期這位難得的「知音」。「高山流水遇知音」的佳話流傳千古，「知音」不僅成了知心朋友的代名詞，也成了

【原文】
孔子曰：「益者三友，損者三友。友直，友諒，友多聞，益矣。友便辟，友善柔，友便佞，損矣。」

【譯文】
孔子說：「有益的朋友有三種，有害的朋友亦有三種。和正直的人交友，和守信的人交友，和見聞多、有廣博知識的人交友，這就有益了。和善於巧飾、偽裝，內無真誠的人交友，和善於恭維、媚悅，不正直的人交友，和慣於花言巧語，不忠誠的人交友，這就有害了。」

論語

高潔友誼的象徵。

古希臘哲學家亞里士多德說：「很多顯得像朋友的人其實不是朋友。」三國時期的管寧把席子割開，與華歆分坐。是因為華歆貪圖金子，與自己志趣不同。如今酒桌上的酒肉朋友，有幾個是真朋友？宋代文學家歐陽修認為，「以同道為朋」的是真朋友，「以同利為朋」的是假朋友。巴金和冰心之間高尚、純潔的友情，完全出於志同道合。他倆結成的「君子之交」，像水一樣晶瑩透亮，被譽為「純潔友誼的象徵」。

在交朋友的時候不能盲目而交，需要在交友過程中善於觀察、鑒別。「近朱者赤，近墨者黑」，正是孔子所說的「益者三友，損者三友」，可謂古今同然。

會交朋友的人，不僅知道哪些人該交朋友，還知道哪些人不能交朋友。中國著名畫家徐悲鴻成名以後，不忘兩位黃姓朋友的幫助，用「黃扶」作為自己的別號。真正的患難之交，就是相互攜手，你挽我扶，共渡人生厄運，共攀理想的高峰。

人生智慧

【原文】

子曰：「知之者不如好之者，好之者不如樂之者。」

【譯文】

孔子說：「知道學習不如喜歡學習，喜歡學習不如以學習為快樂。」

要做好一件事情首先要有對此事的認知，否則就無從下手。但單純的認識並不能激發人的主動精神。因此，孔子提出應在「知」的基礎上加入「好」，也就是充分調動自身的積極性。這樣不僅完成的效果會大不一樣，而且做者也可以在過程中有所收益。當然，這種收益不一定是物質利益，所以，孔子更進一步提出，做事的最高境界是把它本身當成一種樂趣。也就是說，在「樂」的這個境界裏，任何有選擇的活動並不是為了什麼，而是這種活動就是人的生命中的一部分。

一本好書，會成為我們最好的朋友，我們要熱愛它。書籍有一種純真、高尚的凝聚力，使五湖四海的朋友走到一起，互相交流。你可以與自己所喜歡的人，所喜歡的作者一起思考，一起分享快樂和憂愁。

哈茲利特曾經說過：「我們從書籍中得到了如此珍貴的東西，而對那些作者們，我們虧欠得太多，簡直有點不公平。」

對於全身心投入學習的人，再多的困難都無法阻止他的熱情。因為他們把自己的興趣和快樂都投入到學習當中，把自己的身心都放在一種快樂的境

界中。語言學家亞歷山大・穆雷教授，從小用燒焦石南竹莖稈當筆，在破舊的羊毛布上練習寫字。他把這一切得來的東西都當成珍寶，在他的眼裏異常珍貴，這就是喜歡學習所得到的一種樂趣。所以孔子認為，無論做什麼，「認知它不如愛好它，愛好它又不如以它為樂趣」。

知、好、樂三種境界潛藏著深奧的心理學意義。特別是樂的境界，是很難用語言來恰當描述的，有一些先秦道家「神祕主義」哲學的傾向。這也許是孔子在周遊列國的晚期與隱居的道家人物接觸多的結果。孔子本人自稱「好學」，而不敢說達到了「樂學」。因為他意識到了自己需要克服一些外在追求。真正的樂學之人，精神力量會自然而然輻射到周圍，從不想主動給別人講說什麼，更不想獲得什麼。

《孔子聖跡圖》之脫驂館人

人生智慧

【原文】
　　子曰：「道不同，不相為謀。」

【譯文】
　　孔子說：「主張不同，不互相商議謀劃。」

　　孔子是位既高明又中庸，高出塵世也深通世故的聖人。他告誡我們要「里仁為美」，與有仁德的人交往，接受其薰陶，與其愉快相處。每個人的道德修養既是個人自身的事，又必然與所處的外界環境有關。重視居住的環境，重視對朋友的選擇，這是儒家一貫注重的問題。近朱者赤、近墨者黑，與有仁德的人住在一起，耳濡目染，就會受到仁德者的影響；反之，就不大可能養成仁的情操。一個人初出茅廬，剛剛入道之際，如果能夠得到別人的正確指點與幫助，會在創業的途中大為受益。這就是「里仁為美」的現實意義。

　　人們大都願與品德高尚的人結交，而品德低劣的人，卻常常被人所鄙視，很少有人願與之結交。三國時陳宮不與曹操為伍的故事就是一個很好的例子。當初，曹操被陳宮手下人捉住後，陳宮「感公忠義，願棄一官，使公而逃」。但是曹操濫殺好友呂伯奢一家並揚言「寧教我負天下人，休讓天下人負我」之後，陳宮看出曹操是一個無德無行之輩，遂棄而他戶。後來陳宮輔佐呂布，呂布被曹操打敗後，陳宮被俘，面對曹操的勸降，他怒斥曹操「汝心術不正」，拒不降曹，慷慨就死。

【原文】
　　子曰：「人之過也，各於其黨。觀過，斯知仁矣。」
【譯文】
　　孔子說：「人們犯的錯誤，總是與他那個派別的人所犯錯誤性質是一樣的。所以，考察一個人所犯的錯誤，就可以知道他是屬於哪類人了。」

　　《易經》中說：「物以類聚，人以群分。」人類的確普遍存在著一種「趨同」的心理現象，有位心理學家曾做過一個實驗，將十幾個素不相識的人關在一間小屋裏，與世隔絕。幾天後發現，有共同愛好和追求者大都成為好朋友，而沒有共同愛好和追求者則形同陌路。

　　人與人的思想不同，想到的辦法也就不同，堅持己見的話，或多或少會引起一些爭執，可能就會造成一些壞的效果，兩人鬧得都很不愉快。有時候可以退一步想，他有他的想法，你有你的想法，你們各自尋找自己的答案，也許答案出來的時候就會發現，其實你們都錯了，只是認定了自己的就不罷休，往往就因為你一時的堅持導致兩個人的關係僵持。「道不同不相為謀」，何不先放棄和對方爭

《孔子聖跡圖》之沐浴請討

第六篇 入道之門

執,先了解真正的意義所在,最後你們的意見也許會變成一樣的。

【原文】

子曰:「里仁為美,擇不處仁,焉得知?」

【譯文】

孔子說:「與有仁德的人住在一起是件美好的事情。如果你選擇的居所不是跟有仁德的人在一起,怎麼能說你是明智的呢?」

《孔子聖跡圖》之紫文金簡

論語

【原文】

子曰：「不仁者不可以久處約，不可以長處樂。仁者安仁，智者利仁。」

【譯文】

孔子說：「沒有仁德的人，不能長久地安處在貧困之中，也不能長久地處在安樂之中。仁德的人是安於仁道的，有智慧的人則是知道仁德對自己有利才去行仁的。」

人生智慧

孔子深察人心與人性，深深了解不同個性與涵養的人不同的生存哲學。他認為，內心沒有仁德的人不可能長久地處在貧困中，因為他一旦窮困，便會無惡不作；一旦無恆產，即失去恆心。如果這種人處於安樂的環境之中，「飽暖思淫欲」，他們就會驕奢淫逸，消磨了意志和進取之心，甚至變成邪惡之人。

只有仁者安於仁，智者也會行仁。這種思想是希望人們注意個人的道德操守，在任何環境下都做到矢志不渝，保持氣節。

由此可見，內心的定力對一個人來說是很關鍵的。仁德的人安於仁，如同一滴水安於大海，又如鳥兒安於森林，魚兒安於江湖。

有智慧的人能夠深深懂得仁德帶來的好處，所以，他也安於仁德。

有個老木匠準備退休，他告訴老闆，說要離開建築行業，回家與妻子兒女享受天倫之樂。

老闆捨不得他的好工人走，問他是否能幫忙再建一座房子，老木匠說可以。但是大家後來都看得出來，他的心已不在工作上，他用的是軟料，出的是粗活。

房子建好的時候，老闆把大門的鑰匙遞給他。「這是你的房子，」他說：「我送給你的禮物。」

老木匠震驚得目瞪口呆，羞愧得無地自容。如果他早知道是在給自己建房子，他怎麼會這樣呢？現在他得住在一幢粗製濫造的房子裏！

我們又何嘗不是這樣。我們漫不經心地「建造」自己的生活，不是積極行動，而是消極應付，凡事不肯精益求精，在關鍵時刻不能盡最大努力。

等我們驚覺自己的處境，早已深困在自己建造的「房子」裏了。

把你當成那個木匠吧，想想你的房子，每天你敲進去一顆釘，加上去一塊板，或者豎起一面牆，用你的智慧好好建造吧！你的生活是你一生唯一的創造，不能抹平重建，即使只有一天可活，那一天

《孔子聖跡圖》之放麑知德

也要活得優美、高貴,牆上的銘牌上寫著:「生活是自己創造的。」

　　所以,我們每一個人都有仁心,只因一時染上惡習氣,仁便為之隱藏,而無作用。所以需要把心放在仁上,然後做一切事情都是仁事,而非惡事。聰明的人知道行仁有好處,不行仁有壞處,權衡利害,然後選擇行仁的一途。

第六篇 入道之門

人生智慧

在入道的開始，按照孔子的觀點，你要從自身出發，給自我一個好的定位，加強各種能力的學習，只有能力才能征服一切，才能讓別人信服你，也只有如此，你的個人空間才能越來越寬廣。

有一個故事說：有三個人要被關進監獄三年，典獄長給他們三個一人一個要求。美國人愛抽雪茄，要了三箱雪茄。法國人最浪漫，要一個美麗的女子相伴。而猶太人說，他要一部與外界溝通的電話。三年過後，第一個衝出來的是美國人，嘴裏鼻孔裏塞滿了雪茄，大喊道：「給我火，給我火！」

【原文】
　　子曰：「不患無位，患所以立；不患莫己知，求為可知也。」

【譯文】
　　孔子說：「不要發愁沒有職位，要擔憂的是自己沒有學到賴以站得住腳的東西。不要發愁沒有人了解自己，只求自己成為有真才實學值得為人們欣賞的人。」

《孔子聖跡圖》之獵較從魯

原來他忘了要火了。接著出來的是法國人。只見他手裏抱著一個小孩子,美麗女子手裏牽著一個小孩子,肚子裏還懷著第三個。最後出來的是猶太人,他緊緊握住典獄長的手說:「這三年來我每天與外界聯繫,我的生意不但沒有停頓,反而增長了200%,為了表示感謝,我要送你一輛勞斯萊斯!」

這個故事告訴我們,什麼樣的選擇決定什麼樣的生活。今天的生活是由三年前我們的選擇決定的,而今天我們的抉擇將決定我們三年後的生活。我們要選擇接觸最新的資訊,了解最新的趨勢,從而更好地創造自己的未來。

人生智慧

人生什麼樣的事情都有可能發生，所以，上上下下都是很自然的事，不過是一幕戲劇的片段而已，大可不必放在心上。

當然了，上臺的時候，滿心的歡喜，下臺的時候，有哪個不是黯然神傷？這是人之常情，都想往高處走，都不想走下坡路。

但是，真正做大事的人，真正有智慧的人，其實就是那種能上能下的人。

過好日子的時候，吃魚肉吃得很香，過苦日子的時候，吃鹹菜一樣吃得開心。升官的時候，心裏高興，下來的時候，也照樣認真工作，不會覺得自己比別人矮了三分。

下臺的時候，就算不能真的放寬心，也不能把這種心情流露出來，免得讓人以為你這個人承受不了打擊。

只要你不放棄自己，總會有機會再度上臺的，就算一直上不去也沒什麼大不了，做好自己的工作就是了。

人生的舞臺上，由主角變配角有好幾種情形，一種是去當別的主角的配角，一種是與配角對調，第二種情形最令人難以釋懷。

【原文】
　　子貢曰：「有美玉於斯，韞櫝而藏諸？求善賈而沽諸？」子曰：「沽之哉，沽之哉！我待賈者也。」

【譯文】
　　子貢說：「有一塊美玉在這裏，是把它收藏在櫃子裏呢，還是找一個識貨的商人賣掉？」孔子說：「賣掉吧，賣掉吧！我正在等著識貨的人呢。」

所以，由主角變成配角的時候不必悲歎時運不濟，也不必懷疑是誰故意與你過不去，你要平心靜氣地扮演好你的配角，向別人證明你主角配角都能演好。

因為如果你連配角都演不好，那個撤換你的導演會認為他的決斷是正確的。

如果能將配角演好，一樣會獲得掌聲，如果你仍然有演主角的能力，自然會有再度獨挑大梁的一天。

成功者無論在什麼樣的屈辱之下都會能上能下，昔日的越王勾踐嘗糞之恥，韓信甘受胯下之辱，都是忍辱負重，能上能下的典型。是的，人生上上下下就是那麼回事，能上的人是英雄，能下的人更是英雄！

對於人生的選擇，有這樣一個故事：

一個農民從洪水中救起了他的妻子，他的孩子卻被淹死了。

事後，人們議論紛紛。有的說他做得對，因為孩子可以再生一個，妻子卻不能死而復活。有的說他做錯了，因為妻子可以另娶一個，孩子卻不能死而復活。

聽了人們的議論，我也感到疑惑難決：如果只能救活一人，究竟應該救妻子呢，還是救孩子？於是我去拜訪那個農民，問他當時是怎麼想的。他答道：「我什麼也沒想。洪水襲來，妻子在我身邊，

我抓住她就往附近的山坡游。當我返回時，孩子已經被洪水沖走了。」

歸途上，我琢磨著農民的話，對自己說：所謂人生的抉擇不少便是如此。

待價而沽，實際上已經做出了選擇。對於我們來說，只有將自己的本領準備好了，才有可能有識貨的人來重用你。

但前提很關鍵，一定要有充分的準備，機遇總是青睞於那些有準備的人。

《孔子聖跡圖》之化行中都

論語

人生智慧

【原文】

子曰：「譬如為山，未成一簣，止，吾止也；譬如平地，雖覆一簣，進，吾往也。」

【譯文】

孔子說：「比如用土來堆一座山，只差一筐土就完成了，可這時停下來，那是我自己要停下來的；譬如在平地上堆山，雖然只倒下一筐，這時繼續前進，那是我自己堅持要前進的。」

成功在己不在人。孔子在這裏用堆土成山這一比喻，說明功虧一簣和持之以恒的深刻道理，他鼓勵自己和學生們無論在學問還是道德上，都應該堅持不懈，自覺自願。這對於立志有所作為的人來說，是十分重要的，也是對人的道德品質的塑造。凡是對自己缺乏信心，無法自我控制、無法忘懷失敗的人，都將使自己永遠處在悲慘之中，與成功無緣，與幸福無緣，要想成功，需要超越自我的根本改造。鳳凰涅槃，浴火重生。改變自己就是從點滴做起，去除消極思想，擦去自卑感覺，增強經受困

《孔子聖跡圖》之過蒲贊政

難的彈性，相信自己能夠改變。唯有如此，方能獲得嬰兒般的新生，與成功結緣、相伴。輕言失敗，沒有堅定的意志，終難成器。

有人說，成功的祕訣不是知識，而是信念。有了信念遇事就不會退縮，凡事經過努力都可以超越，有信念的人可能也會彷徨，也會不安，但絕不會抱怨際遇不佳、人生不平，不會在彷徨中度過一生。所謂的成功者、大人物，也就是克服了怯懦心理、抱有必勝信念的人。能力可以培養，知識可以習得，經驗可以積累，唯有信念，源自困境，發自內心。善於在逆境中看到光明和希望，把一切困難和艱辛看淡，相信一切都會過去，一切都會如過眼煙雲、橋下流水，就會看到機會和改變困境的方法，總攬大局，順勢而為，渡過難關。具有堅強毅力的人，在困難面前可以保持明智的態度，積極思考，應對挑戰，陷入谷底，只有前進一條路，超越困難之時，也就是提升智慧之時。擁有信念的人，必是熱愛生活的人，必是充滿幸福和感激之人，必是自尊自重之人。成功需要堅忍的毅力和持之以恒的精神支撐，勝利的道路充滿坎坷，其中有喜悅，更多的是淚水和荊棘。逆境中的信念需要達觀和樂觀的心態支撐。相信驚濤駭浪之後，必是風平浪靜。積極需要韌性支撐。有了韌性的支撐，才有對困境和難題的理性分析判斷，才有坦然面對的方式方法，才有智慧提升的機遇。

【原文】

子曰：「南人有言曰：『人而無恆，不可以作巫醫。』善夫！」「不恆其德，或承之羞。」子曰：「不占而已矣。」

【譯文】

孔子說：「南方人有句話說：『人如果做事沒有恒心，就不能當巫醫。』這句話說得真有道理啊！」《易經》上有句話說：「人不能長久地保持自己的德行，就免不了要遭受恥辱。」孔子說：「沒有恒心的人用不著去占卦了，因為他總要倒楣的。」

論語

【原文】

子夏曰：「君子信而後勞其民；未信，則以為厲己也。信而後諫；未信，則以為謗己也。」

【譯文】

子夏說：「君子必須取得信任之後才去役使百姓，否則百姓就會以為是在虐待他們。要先取得信任，然後才去規勸；否則，（君主）就會以為你在誹謗他。」

人生智慧

唐太宗李世民打敗定揚可汗劉武周後，劉的將領尉遲敬德、尋相等都投降了。沒多久，尋相等人又叛變逃跑了，所以李世民的將軍們懷疑尉遲敬德，把他關了起來。李世民說：「尉遲敬德如果要叛變，難道還會在尋相之後幹嗎？」他不相信尉遲會叛變，就叫人把他放了，並且給他很多金子，對他說：「男子漢大丈夫看重情義，希望你不要把小小委屈放在心上，我絕不會相信讒言而加害忠良之人的，你應該理解我。如果你一定要走，就拿這些金子做盤纏，略表我們這段時間共事的情分吧！」就在當天，李世民出外打獵，只帶了少數人馬，忽然遇上另一個對手鄭王王世充率領的萬餘兵馬，他們把李世民團團包圍了。鄭大將單雄信舉起武器直奔李世民。在這危急時刻，尉遲敬德飛馬而出，揚鞭把單雄信打落馬下，保護李世民突出重圍。李世民獲救之後，感激地問尉遲敬德：「你為什麼要這麼做？」尉遲敬德說：「這是我報答您對我的信任啊！」俗話說：士為知己者死，尉遲敬德在李世民危險時刻救了他，可以說是完全出於李世民對自己不疑與信任的回報。

人生智慧

【原文】

子曰：「巧言亂德。小不忍則亂大謀。」

【譯文】

孔子說：「花言巧語就會敗壞人的德行。小事情不忍耐，就會敗壞大事情。」

「小不忍則亂大謀」，這句話在民間極為流行，甚至成為一些人用以告誡自己的座右銘。的確，這句話包含有智慧的因素，有志向、有理想的人，不會斤斤計較個人得失，更不應在小事上糾纏不清，而應有廣闊的胸襟，遠大的抱負，只有如此，才能成就大事，從而達到自己的目標。

因此，在中國的傳統觀念裏，忍耐也是一種美德。這一觀點可能與現代社會不太合拍，現在是競爭的社會，在這樣的社會裏，忍耐可能就意味著退讓和窩囊。

但是，很多學者已經發現，中國傳統文化裏有些東西並沒有過時，相反，其中的學問博大精深，如果運用於現代人的生活，必將使人們受益匪淺。其中，忍耐就大有學問，忍耐包括很多種。當與別人發生矛盾的時候，忍耐可以化干戈為玉帛，這種忍耐無疑是一種大智慧。

唐代高僧寒山問拾得和尚：「今有人侮我，冷笑我，藐視我，毀我傷我，嫌惡恨我，詭譎欺我，則奈何？」拾得回答他：「子但忍受之，依他讓他，敬他避他，苦苦耐他，裝聾作啞，漠然置之，冷眼觀之，看他如何結局？」這種忍耐裏透著的是

論語

智慧和勇氣。

人生不可能總是風調雨順,當遇到不如意,甚至是災難時,一個人的忍耐力往往就能發揮出奇制勝的作用。與別人發生誤會時忍耐,那只是一時的容忍,比較容易做到。難的是在漫長的時間裏,忍受著各種各樣的折磨,而只為完成心中的理想。這份忍耐力才是難能可貴的,但也是做人最應該擁有的一種能力。

人貴在能屈能伸,伸容易,屈就很難了,這裏面就需要非凡的忍耐力。只要這個人真正有智慧、有才幹,不管他忍耐多久,早晚都有出頭之日,而且,他的忍耐力反而使他更加富有內涵和魅力。人生很多時候都需要忍耐,忍耐寂寞,忍耐貧窮,忍耐誤解,忍耐失敗。持久的忍耐力體現著一個人能

《孔子聖跡圖》之景公尊讓

屈能伸的胸懷，忍耐力是保存力量，是隱匿自我，高揚自我。人生總會有低谷，有巔峰，在低谷裏能夠泰然處之的人才是真正有智慧的人。走過低谷，前面就是海闊天空。回過頭來，那些在低谷裏隱忍的日子，那些在苦難裏積蓄的日子，那些在寂寞裏執著於夢想的日子，都顯得彌足珍貴。

那是一筆寶貴的人生財富。

《孔子聖跡圖》之琴吟盟壇

論語的人生智慧

第七章
人和之要

天時不如地利,地利不如人和。用現代語言來講,好的人脈關係將使你在工作、生活、事業發展中,佔據主動,左右逢源。所以,提高我們的素質,以我們的人格魅力吸引別人,和別人做朋友,由此建立起自己鞏固的關係網是明智之舉。

【原文】

子曰：「巧言令色足恭，左丘明恥之，丘亦恥之。匿怨而友其人，左丘明恥之，丘亦恥之。」

【譯文】

孔子說：「花言巧語，奉承討好的臉色，低三下四地過分恭敬，左丘明認為這種人可恥，我也認為可恥。把怨恨裝在心裏，表面上卻裝出友好的樣子，左丘明認為這種人可恥，我也認為可恥。」

人生智慧

被小人暗算，比被毒蛇咬了一口更致命，所以表面上裝成友好的樣子，心裏卻陰險萬分的人是可恥的。

孫臏與龐涓都是鬼谷子的學生，一起學習兵法，兩個人既是同窗好友，又是有著八拜之交的兄弟。但是龐涓為人刻薄、嫉妒心強，孫臏則忠厚老實、心地善良。

有一年，龐涓聽說魏國惠王正在招賢納士，他就辭師下山，去了魏國。

臨走的時候，龐涓跟孫臏說：「我們是好兄弟，日後如果有了好的機會，一定會推薦給你，我們共同進退，共同富貴。」

龐涓到了魏國，魏惠王見他文韜武略都格外出眾，就拜他為軍師。

之後，魏國東征西討，龐涓幫助魏惠王屢克強敵，尤其是打敗齊國一戰，更是名震諸侯，龐涓之名一時間傳遍四方。

龐涓雖然很有才學，但是他知道師兄孫臏比自己強出很多，尤其是孫臏有祖傳的《孫子兵法十三篇》，更是兵家法寶。

龐涓嫉妒心強，所以並沒有像他之前所說的那

樣將孫臏推薦出去。

鬼谷子與墨子是好朋友，有一次，墨子去看望鬼谷子，見到孫臏之後，對孫臏的才學讚歎不已。後來，墨子到了魏國，在魏惠王面前大力推薦孫臏，說如果得到孫臏，就可天下無敵。惠王大喜，他知道孫臏與龐涓是同窗，就叫龐涓修書一封，聘請孫臏到魏國來做官。龐涓知道孫臏一來，自己必然失寵，但是魏王之命，他又不敢不從，只得硬著頭皮給孫臏寫了一封信，然後派人去迎接師兄。就這樣孫臏拜別了師傅，去了魏國。

與魏王見面後，魏王問他兵法，孫臏對答如流，魏王很高興，想拜孫臏為副軍師，與龐涓同掌兵權。但是這個時候龐涓卻假意謙虛，說孫臏是自己的兄長，理應做正位。

《孔子聖跡圖》之過庭詩禮

於是，孫臏就成了客卿，但是心胸狹窄的龐涓並不是真的想居於孫臏之下，他一直都在找機會除掉師兄。

一次擺演兵法之後，龐涓不如孫臏，他非常惱火，就開始陷害孫臏。龐涓在魏惠王面前說孫臏雖然在魏國做官，心還是向著齊國。惠王大怒，就免了孫臏的官，命令龐涓監視孫臏。

龐涓乘機落井下石，說孫臏有私通齊國之罪，應該砍掉他的雙腳，讓他成為一個廢人，終身不能回齊國。

魏王聽了龐涓的話，當晚就將孫臏的一雙膝蓋骨削去，又在孫臏的臉上刺了「私通外國」四個字。這個時候，龐涓假意痛哭了一番，孫臏不知真相，還對他感激萬分。

其實龐涓有自己的盤算，他之所以留住了孫臏的性命，是想從孫臏那裏得到《孫子兵法》。而他一旦得到了這部兵法，就會殺掉孫臏。

可憐孫臏並不知道這些，為了感激龐涓對自己的照顧，他每天都努力地在木簡上刻寫兵法，然後交給龐涓。

後來，龐涓的僕人可憐孫臏，告訴他：「你這樣寫兵法，寫得越快，離死亡的日子越近。」這樣，孫臏知道了是龐涓一直在害他，於是他開始裝瘋，以此來消除龐涓對自己的防範。但是此時，龐涓殺孫臏的心越來越強了。好在，不久之後，事情

就有了轉機，墨子將孫臏的事告訴了齊威王，齊威王派人將孫臏救回了齊國。

隨後，孫臏以「圍魏救趙」的計策大敗龐涓，又在韓魏一役中，以「增兵減灶」的計謀，誘敵深入，將龐涓射死於馬陵道，報了自己的冤仇。

龐涓本來也是一個很有才學的人，但是他嫉妒心強，心狠手辣。對於孫臏來說，龐涓就是一個不折不扣的小人，但是他因為缺少警惕之心，所以險些被龐涓害死。

所以說，雖然小人的品德是卑鄙可恥的，但小人的面孔是很難辨別清楚的，一定要提高警惕，不要因為疏於防範而被陷害。

《孔子聖跡圖》之儒服儒行

論語

【原文】

子曰：「君子周而不比，小人比而不周。」

【譯文】

孔子說：「君子互相團結而不與人勾結，小人與人勾結而不相互團結。」

人生智慧

古人云：「得道多助，失道寡助」，甚至是「多助之至，天下順之」，有道德的人有天下。這是很簡單的道理，社會中有道德的人多了，彼此多一些關心與尊重，社會自然就會和諧起來。那些為構建和諧社會做出貢獻的領導，自然也就贏得了民心。

孟嘗君是赫赫有名的戰國「四公子」之一。有一次，門下食客馮諼自告奮勇替孟嘗君去他的封邑薛地討債。馮諼臨行前，問孟嘗君是否要順便買點什麼東西回來。孟嘗君覺得好笑，自己家裏應有盡

《孔子聖跡圖》之步游洙泗

有,什麼也不缺,難道馮歡連這個也不明白嗎?

於是他便隨口敷衍馮歡說:「你看我家裏缺什麼,就替我買什麼吧。」馮歡欣然領命而去。到了薛地,馮歡召集應當還債的百姓,一一查對了他們所欠債務的憑證,然後假托孟嘗君之命,將債款悉數賜給這些老百姓,並將一車借據當場焚毀。薛地百姓喜出望外,感激涕零,高呼「萬歲」。

馮歡回去向孟嘗君交差,孟嘗君問他:「此去薛地,討債是否順利?」馮歡回答:「十分順利,把債務都了結了。」孟嘗君問:「那你要回多少錢來?」馮歡回答:「我一個錢也沒有帶回來,把錢都買了您家裏所缺的東西了。」

孟嘗君好奇地問:「你究竟買了些什麼呢,要花去這麼多錢?」馮歡回答:「我看您家中珍寶堆積如山,門外肥馬滿廄,身邊美女如雲,真是要什麼有什麼,惟獨缺少『仁』而已。您既然要我看您家裏缺什麼買什麼,所以,我就替您買了『仁』。」

孟嘗君不解地問:「什麼是買『仁』」,馮歡就一五一十彙報了此去薛地討債及燒毀借據的經過。孟嘗君聽後哭笑不得,又不便發作,以免丟失風度,只得訕訕地說了聲:「你去休息吧,先生!」對這件事不置可否,但心裏對馮歡很不滿意,對失去這麼多錢很是心疼。

一年後,孟嘗君失寵於齊王,被罷了官,遣返封邑薛地。當時孟嘗君真有些心灰意冷,一路上打

不起精神來。在他的車馬距薛地還有百里之遙時，薛地的老百姓卻早已扶老攜幼、爭先恐後地在路上迎接他了。這時，孟嘗君精神為之一振，心中燃起了重振雄風的希望。他恍然大悟，理解了當初馮歡之所以要買「仁」，就是為了替自己積「德」，使自己立於不敗之地。面對眼前百姓熱烈歡迎自己的場面，孟嘗君感慨地對馮歡說：「先生替我買的『仁』，為我積的『德』，我今天見到了。」

　　馮歡所謂的買「仁」，其實就是收買人心。這種做法為孟嘗君營造了一個安全的據點，使他退可守，進可攻；積了「德」，使窮困百姓擺脫了沈重的債務，為孟嘗君得到了他們的擁護。買「仁」就是積「德」，積「德」就能得到百姓的擁護，而得到人心必能立於不敗之地。

　　馮歡買「仁」，孟嘗君當時對他擅自燒毀借據雖然不悅，但卻糊塗了之，結果為自己的後路找到了歸宿。

　　人生在世，若能得到別人的認可和友情，擁有良好融洽的人際關係，便是人生的一大樂事。心理學研究也表明，良好的人際關係可使人心情愉快，充滿活力和自信。反之，若受人排斥，則會感到孤獨和寂寞，對未來缺乏信心。

第七篇 人和之要

人生智慧

對義和利的態度，是孔子區分君子與小人的標準。在孔子的眼裏，道德高尚的君子重義而輕利，見利忘義的小人重利而輕義。前者受人尊敬，後者惹人生怨。

只是想著自己的田地，一心貪圖實惠，惟利是圖，那就分辨出君子和小人了。

孔子出於對封建統治階級長遠利益的考慮，卻始終未能得到統治者的理解，以致終生坎坷，顛沛流離，繼而投身教育。

艱難的人生使他領悟到義與利的矛盾並非能輕

【原文】
　　子曰：「君子喻於義，小人喻於利。」
【譯文】
　　孔子說：「君子懂得的是義，小人懂得的是利。」
【原文】
　　子曰：「放於利而行，多怨。」
【譯文】
　　孔子說：「依據自己的私利而行動，會招致很多怨恨。」

《孔子聖蹟圖》之歸田謝過

易統一，但他還是明確表示，在兩者發生矛盾時，應以道義為上。他雖然不否認富貴是人的一種必然的追求，但他仍然蔑視那種不合道義的富貴和見利忘義行為。

君子想的是道德法律，而小人的心裏卻一直想著「三畝田」。我們要注意，不要因為田地，因為貪圖實惠而忘了道德和法度，做出有傷道德原則、觸犯刑律的事情。

孔子說：「不仁的人不能夠長久地處在貧困的境地，也不能夠長久地處在安樂境地。有仁德的人安於仁，有智慧的人順從仁。」

不一致的是不仁者，亦即沒有仁德仁心的人。由於沒有仁德仁心，所以缺乏主心骨，缺乏穩定的人格，無論在哪種情況下都不能夠一以貫之地堅持下去。如果是處在貧困之中，不能夠做到安貧樂道，做到孟子所說的「貧賤不能移」；如果是處在安樂之中，也不能夠做到久享安樂，做到孟子所說的「富貴不能淫」。一言歸總，這種人因為缺乏安身立命的基礎，所以必然是反覆無常的小人。而仁者和智者因為有智慧、有涵養，修養達到了仁的境界，所以無論處於貧富之中還是得意失意之中，都會樂天知命，安之若素。

這就是有沒有仁心的區別。所以，仁心是安身立命的基礎。

儒教所說的義和利是指道義與功利、整體利益

與個體利益、道德價值與物欲價值等的意思,這兩方面似二分對立,亦可合二為一,相輔相生。

雖然孔子以義和利來區別、認識君子與小人,但他並不否定利,也不否定個人利益。他認為「富與貴,是人之所欲也」,只是反對以不正當的手段得到它。如果財富可求的話,即使從事卑賤的工作也去做。孟子也在不否定利的情境下,反對不以其道得之。

追逐財富,這是人之常情,但要始終遵循一個原則。面對財富的誘惑,不能動搖,不能利欲薰心。惟利是圖必定會招致怨恨。

《孔子聖跡圖》之俎豆禮容

論語

【原文】

子曰：「為政以德，譬如北辰，居其所而眾星共（拱）之。」

【譯文】

孔子說：「用道德來治理國政，就好像北斗星一樣，在自己一定的位置上眾多的星星都圍繞著它。」

人生智慧

有美德的人不會孤單，肯定會有人與他在一起。人不能把自己孤立起來，真正的有德之人生活在人群中間。

東漢末年，劉備三顧茅廬請諸葛亮出山相助的故事人人皆知。諸葛亮也果然不負眾望，幫助劉備得了三分天下。

戰國時期，魏國的公子信陵君喜好招攬天下賢能之士。當時有個名叫侯嬴的隱士，雖年已七十卻只做了個看守大梁東城門的小吏，家境很清貧，信陵君非常希望將其招至門下。於是信陵君親自拜

《孔子聖跡圖》之適衛擊磬

第七篇 人和之要

訪，饋贈給侯嬴貴重的禮物，侯嬴卻婉言謝絕，信陵君不急不惱。一天大宴賓客，等酒宴擺好客人坐定後，信陵君帶著隨從車馬，親往東門迎接侯嬴。侯嬴也不謙讓，直接坐到信陵君的身旁，妄圖以自己的無禮激怒信陵君。信陵君親自駕著馬車，態度也沒有絲毫不恭敬。不一會兒，侯嬴對信陵君說：「我有個朋友在屠宰場，希望委屈您送我去看望他。」信陵君毫不猶豫就把車趕到了屠宰場。

侯嬴見到朋友朱亥後，故意站著和朱亥談話，把信陵君晾在一邊，繼續觀察他的反應，信陵君的臉色更加溫和。

這時，信陵君的親朋好友正等他回來開宴，市人都好奇地觀看著發生的一切，隨從也暗罵侯嬴不識抬舉，而信陵君卻始終和顏悅色，侯嬴於是告辭朱亥回到車上。

到家後，信陵君請侯嬴坐上座，並向他介紹了在座的將相、宗室，並親自為他敬酒。至此，侯嬴才開始心甘情願地服侍信陵君。

信陵君招攬侯嬴當然也獲益匪淺。首先，大庭廣眾之下，他親自駕車迎接侯嬴，並久立於鬧市，讓來往者圍觀，實際上成就了禮賢下士的美名；其次，侯嬴推薦了朱亥，並和朱亥一起幫助信陵君完成了退秦兵的壯舉，成就了信陵君的事業。信陵君並非不知道侯嬴的一系列舉動都是在試探和考驗自己，於是他擺出一副謙恭大度、虛心溫和的姿態，

【原文】
　　子曰：「德不孤，心有鄰。」
【譯文】
　　孔子說：「有道德的人是不會孤單的，一定會有思想一致的人與他親近。」

199

論語

把侯嬴及後來的朱亥歸於自己旗下。事實上證明信陵君沒糊塗，忍了侯嬴一時的無禮，成就了自己一世的英明。

如果一個人有「孤德」，自己對自己好，自己美自己的，那麼必將故步自封成為孤家寡人，不會有人願意與他在一起。人的成功源於靜修，但這種一個人自修與靜修都是在與天地萬物交流對話，而天地萬物當然包括他人。因此，一個自修者與靜修者若是讓自己封閉起來的話，那樣將什麼也修不出，悟不到。

有德的人朋友遍天下，不要把自己封閉孤立，自然就會風調雨順，馬到成功。有德之人具有極大的感染力與親和力，根本無須去刻意尋找，自然會有人來找你，來幫助你。

《孔子聖跡圖》之陵陽罷役

人生智慧

孔子之所以受到各國統治者的禮遇和器重，就在於孔子具有溫和、善良、恭敬、儉樸、謙讓的道德品質。

在我們的生活中，也非常需要這種謙遜的態度。謙遜的人更容易贏得人和，包括朋友、同事的信任，上司的關照，下屬的尊敬。

人在社會上，求助於他人，是很正常的事情，兩種可能：人家熱情幫助，或者婉言拒絕，這裏有一個態度的問題：溫良恭儉讓。做到這五個字，別人對你的幫助，既是你請求的，也是別人心甘情願主動給予的。

寬容不是軟弱，寬容是用一顆善良的心來對待發生在一個人身上的不公平待遇，或者發生在朋友、同事之間的不愉快，當他的寬容之心煥發出人性光輝的時候，他必然也同時得到了大家的尊重和認可。

在主張推銷自我、張揚個性的今天，謙虛仍然沒有過時，而且永遠不會過時。謙虛並不是讓你隱瞞自己的真才實學，明明會做的事、能做的事也要說上一句「我做不好」，或者乾脆就不敢做。謙虛只是一種為人處世的態度，並非一定要否定自己、

【原文】
　　子曰：「晏平仲善與人交，久而敬之。」
【譯文】
　　孔子說：「晏平仲善於同別人交朋友，相識越久了，別人越尊敬他。」
【原文】
　　子禽問於子貢曰：「夫子至於是邦也，必聞其政，求之與，抑與之與？」子貢曰：「夫子溫、良、恭、儉、讓以得之。夫子之求之也，其諸異乎人之求之與？」
【譯文】
　　子禽問子貢說：「老師每到一個國家，總是預先了解這個國家的政事。是請求人告訴他的呢，還是人家國君自願告訴他的呢？」子貢說：「老師溫和、良善、恭敬、勤儉、謙遜，所以才得到這樣的資格，但他求的方法，或許與別人的求法不同吧？」

論語

貶低自己才是謙虛，重要的是要認識到自己的不足，取得成績後也不能驕傲，而應該本著繼續學習的態度，更加努力地做人做事。謙虛的人從來不會計較個人的得失，不爭名奪利，不勾心鬥角，他總是用一顆平常的心去看待一切榮辱得失。謙虛的人不一定說些謙虛的話語，但卻默默用行動證明自己是一個謙虛的人。當然過分的謙虛是不可取的，將自己的實際才能表現出來才是對的。

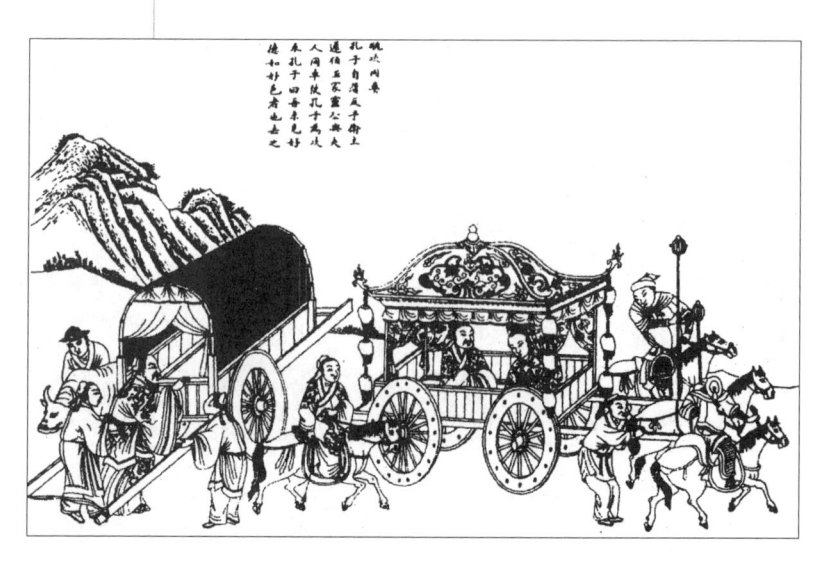

《孔子聖跡圖》之醜次同車

第七篇 人和之要

人生智慧

言行一致,誠實守信是為人之本,是中華民族的傳統美德。誠實是指忠誠老實,言行一致,表裏如一;守信是指說話、辦事講信用,答應了別人的事,能認真履行諾言,說到做到,守信是誠實的一種表現。只有誠信的人才能獲得別人的信任和尊重,才能有所作為。只有誠信,才能贏得別人的信任。所以,我們應該從小樹立「言而有信,無信不立」的觀念,養成誠實守信的好習慣。

記得有位老師教育我們說:「不要做語言的巨人,行動的矮子。」可是隨著年齡的增長,卻越來

【原文】
子貢問君子。子曰:「先行其言而後從之。」

【譯文】
子貢問怎樣做一個君子。孔子說:「對於你要說的話,先做出來,然後再說,這就稱得上是一個君子了。」

《孔子聖跡圖》之禮墮三都

論語

【原文】

子曰：「古者言之不出，恥躬之不逮也。」

【譯文】

孔子說：「古代人不輕易把話說出口，因為他們以自己說得出而做不到為可恥。」

越像行動的矮子。常常說要做一些事情，說得是天花亂墜，結果卻什麼也沒做成。固然有時是外部原因使然，但打鐵還要自身硬，如果自己本身就具備極強的實力，也就不會讓自己的計畫落空了。子貢聰明過人，反應極快，語言快，說在自己行動的前面，所以孔子提醒他注意如何去做。做一個有道德修養、博學多識的君子，這是孔子弟子們孜孜以求的目標。孔子認為，作為君子，不能只說不做，而應先做後說。只有先做後說，才可以取信於人。如果做不到，就會失信於人，那樣你的威信也就降低了。所以孔子說，古人就不輕易說話，更不說隨心所欲的話，因為他們以不能兌現允諾而感到恥辱。這一思想是可取的，做一個言行一致的人，會得到更多的朋友。

第七篇 人和之要

人生智慧

「君使臣以禮，臣事君以忠」，提倡君臣之間要和諧相處。這種觀點今天看來雖然有些迂腐，但是，正確處理上下級關係，對於個人發展來說，還是很有必要的。

每個人與自己的上司都有著一種特殊的關係。雖然你不一定每天都和他見面，也不一定時時都和他打交道。但他對你個人的事業來說，確實是一個至關重要的人物。他可以助你一臂之力，也可以成為你最大的「攔路虎」或「絆腳石」。

與上司的關係的處理需要適度，千萬不要以為與上司有了良好的私交，你就會因此而占到什麼便宜。恰恰相反，因為你們的關係過於密切，可能還會使你的上司對你心存戒心，你的同事對你心存反感。和上司只保持良好的合作關係就可以了，最好不要將工作與私人感情扯到一起，也不要捲入上司的私人生活裏去。

過分親密的關係會讓上司感到你和他互相平等，因為不同尋常的關係，會使上司過分地要求你，也會導致同事對你的不信任。跟上司稱兄道弟，可能在你應該得到一些利益的時候，你成了犧牲品，因為你們是朋友，所以他要做給別人看，可

【原文】

定公問：「君使臣，臣事君，如之何？」孔子對曰：「君使臣以禮，臣事君以忠。」

【譯文】

魯定公問孔子：「君主應該怎樣使喚臣子，臣子應該怎樣侍奉君主呢？」孔子回答說：「君主應該按照禮的要求去使喚臣子，臣子應該以忠來侍奉君主。」

論語

【原文】

　　君賜食，必正席先嘗之。君賜腥，必熟而薦之。君賜生，必畜之。侍食於君，君祭，先飯。

【譯文】

　　國君賜給的食品，孔子一定擺正座席先嘗一嘗。國君賜給的生肉，一定煮熟了先敬獻祖宗。國君賜給活物，一定要飼養起來。同國君一道吃飯，在國君舉行飯前祭禮的時候，一定要先嘗一嘗。

　　能就會把你排在最後，雖然有可能你是做得最好的一個。而他可能還會覺得你之所以有今天全靠他罩著你，你又好像欠了他一個人情，這種複雜的關係還是不要維持的好。

　　上司也會像每個人一樣，非常重視自己的形象，所以，你要時時地幫著上司加以維護。

　　你應該時常地向上司介紹新的資訊，使他掌握自己工作領域的動態和現狀。不過這一切都應該在開會之前向他彙報，讓他在開會時談出來，而不是由你在開會時大聲地炫耀。

　　任何時候都要顧及上司的面子，不要直接否定上司的建議，如果你認為不合適，最好用提問的方式來表示你的異議，如果你的觀點基於某些他不知道的資料或情況，效果會更好。上司最討厭那種出爾反爾、說話不算話的下屬。如果你承諾了一項工作，最後卻沒有很好地完成它，那麼，上司就會對你的辦事能力產生懷疑。注意你的言行，注意你的誠信，不要讓上司抓到你太多的把柄，從而對你整個人都產生懷疑。

第七篇 人和之要

人生智慧

當矛盾與怨恨相持不下，化解不了，在很大程度上是因為當事雙方都各執己見，互不相讓，更不願站在對方的立場上，設身處地地為對方著想。因此在與不同類型的人相處時，切忌以自我為中心去猜測別人，對待他人。當他人的思想、行為和語言與自己有分歧和矛盾時，要學會站在對方的立場去體會他、理解他，這樣你就會發覺對方可能有他更好的理由，做出你所認為的不合時宜的言行，你也可以將心比心。

在職業生涯中，每個人都會遇到不順心、不如意的事。這時，我們只有保持心胸寬闊的態度，冷靜處理，才能把問題圓滿解決。首先要做的就是忘掉舊怨新仇，握手言歡，和同事愉快合作。大家保持健康的心態，和睦相處，才能減少人際摩擦，增強集體凝聚力。用平常心看待職場得失，職場受挫不可怕，鬥志消亡才可悲。應抱著「這不是失敗，只是暫時未成功」的心態，持之以恆地努力，困難定會迎刃而解。

應聘面試常常會給你帶來失落的心情，尤其當你求職失敗時。整個過程中，你都忐忑不安，期待著有一天這份工作會屬於你，然而事非所願，你收

【原文】
子曰：「伯夷叔齊不念舊惡，怨是用希。」

【譯文】
孔子說：「伯夷、叔齊兩個人不記對方過去的仇恨，（別人對他們的）怨恨因此也就少了。」

【原文】
互鄉難與言，童子見，門人惑。子曰：「與其進也，不與其退也，唯何甚？人潔己以進，與其潔也，不保其往也。」

【譯文】
很難與互鄉那個地方的人講道理。一個童子卻受到了孔子的接見，弟子們都感到迷惑不解。孔子說：「我是肯定他的進步，不是肯定他的倒退。何必做得太過分呢？人家改正了錯誤以求進步，我們肯定他改正錯誤，不要死抓住他的過去不放。」

到一封公函,說你沒有被選中。其實並不只你一個人感到失望。

這封信在應聘面試後5天到達。艾麗絲看到寄信地址便知道她沒有被僱用。信中說:「儘管妳的經驗和學歷給我們的印象很深,但我們已經選中了一個目前離我們的需求更近的應聘者。」艾麗絲頓時淚水奪眶而出,這是兩週內她第三次被拒了。「沒有人會再聘用我了。」她自言自語道。

艾麗絲怎麼也沒有想到,這個職位收到100多份簡歷,她的簡歷被選為十佳之一。她也沒有料到她擊敗了95%的人,從而她成為入圍5個參加面試的人選之一。儘管另外一個人最後得到了這份工作,她卻沒有。可是,如果她了解到那個被選中的人比她還多5年的工作經驗,她難道不會吃驚嗎?只是招聘方認為他更適合工作的要求,會很快地熟悉工作崗位。

求職被拒往往會讓人感覺像心裏打翻了五味瓶,又像舊傷復發一般。被忽視或妄自菲薄、孤立無助、蒙受羞辱,或者這些感覺的任何組合都是很典型的。你也許會像艾麗絲一樣感到被傷害,或氣惱,為別人如何對待你而感到厭煩。一遍又一遍的面試也許令你感到江郎才盡,結果還是上了被拒的名單。

不要沈湎於自憐,你要重整旗鼓,再次彙集能量。如果你確定想在某一公司工作,不妨給他們寫

第七篇 人和之要

一封信,表明你看中的職位給了別人導致你多麼失望,再次提醒他們你能給該公司所帶來的利益和你的所有優勢。讓他們知道,一旦有變故或機會再來,你仍然有興趣為他們工作。

另外就是要做到投之以桃,報之以李,有人敬我一尺,我敬人一丈,這是人們交往中的普遍心態:即得失平衡心態。如別人怎樣看待自己,自己就怎樣看待別人,別人怎樣對待自己,自己就怎樣對待別人。我們都有這樣的體會,當別人對自己表現出喜歡、接納的態度時,自己也就會對他表現出同樣的喜歡和接納。反之,若別人對自己冷若冰霜,自己必然對其避而遠之。因此,在與人相處時,若想獲得別人的友情,自己首先要真誠、熱情,無條件地接納和認可他人,這樣才能獲得別人的回報。

《孔子聖跡圖》之景公問政

論語

【原文】

子曰：「三人行，必有我師焉。擇其善者而從之，其不善者而改之。」

【譯文】

孔子說：「三個人一起走路，其中必定有可以為我的老師的人。我選擇他善的品德向他學習，看到他不善的地方就作為借鑒，改掉自己的缺點。」

人生智慧

孔子的「三人行，必有我師焉」這句話，受到後代知識份子的極力讚賞。他虛心向別人學習的精神十分可貴，但更可貴的是，他不僅以善者為師，而且還以不善者為師，這其中包含有深刻的哲理。孔子這樣的態度和精神，也體現了與人相處的一個重要原則。隨時注意學習他人的長處，隨時以他人的缺點為戒，自然就會多看他人的長處，與人為善，待人寬而責己嚴。這不僅是修養、提高自己的最好途徑，也是促進人際關係和諧的重要條件。另外，這對於指導我們處事待人、修身養性、增長知識，都是有益的。

雖然「三人行，必有我師焉」，可以說是家喻戶曉，可是人們並不是經常能夠做到。人們常犯的一個通病，就是往往看自己的優點和他人的缺點多，看自己的缺點和他人的優點少；或者只看自己的優點和他人的缺點，看不到自己的缺點和他人的優點；愛拿自己的長處同他人的短處比。在與人相處中，就表現為對優於己、強於己者不服氣；對有缺點錯誤者鄙視、嫌棄；嚴於責人而寬於責己；拿正確的道理當手電筒，只照別人，不照自己。這樣，既堵塞了向他人學習提高自己的道路，也難免

造成人際間的不和諧，以致發生衝突。

　　友善的人會給人一種安全感、信任感，而友善的待人處事態度，也常常很容易就能達成目的。但是人們往往在氣憤的時候，忽視了友善，採取大喊大叫的方式，好像不這樣不足以發洩自己的情緒，不足以有效地解決問題。其實，不妨換一種方式，將怒火壓下去，微笑著友善地跟對方說出你的意見，有可能，你很輕易地就達成了自己的目的。友善是最好的一種武器，只是它被埋藏得很深，只有聰明的人才能找到它，並很好地利用它。

《孔子聖跡圖》之泰山問政

論語

【原文】

廄焚。子退朝，曰：「傷人乎？」不問馬。

【譯文】

家裏馬棚失火燒掉了。孔子退朝回來，說：「傷人了嗎？」並不問馬的情況怎麼樣。

【原文】

司馬牛憂曰：「人皆有兄弟，我獨亡。」子夏曰：「商聞之矣：死生有命，富貴在天。君子敬而無失，與人恭而有禮，四海之內，皆兄弟也。君子何患乎無兄弟也？」

【譯文】

司馬牛憂愁地說：「別人都有兄弟，唯獨我沒有。」子夏說：「我聽說：『死生由命決定，富貴由天安排。』君子只要認真謹慎沒有過失，對人恭敬而有禮貌，那麼，四海之內，就都是自己的兄弟了。君子何愁沒有兄弟呢？」

人生智慧

在人與人的交往中，一定要尊重別人，包括對方的感情和對方的存在。每個人都有孤獨的時候，人的孤獨感常會伴隨著各種情緒慢慢地襲來，失戀的時候，與朋友失和的時候，在異鄉打拼的時候，事業失敗的時候。孤獨並不僅僅是一種情緒，它還會左右你的意志力，使你消沉，使你退步，使你不堪一擊。當孤獨敲響你的房門的時候，不要開門，讓這個敵人遠遠地走開！

作為一個人生活在世上，他人對你好，對你不好，與你有恩情，與你有仇怨，與你做朋友，與你成敵人，總之你、周圍的人，構成了你生存的世界，沒有他們你也不存在。

因為世界事物太複雜，內容也太豐富了，所選取的角度不同，評價也就不同。如果所取的角度相同，評價或許相同，或許也相去甚遠。但無論同與不同，都指向同一事物，說明著同一事物。由此引起的是非爭辯只是人的事，與事物並無關係，事物還是事物。

據此道理，舉凡小草和大樹，醜陋的東施和美麗的西施，以及一些稀奇古怪、變化莫測的事物和人，從人世間的大道理來講，都可以融通為

「一」。也就是說,現象複雜紛繁,看起來多姿多彩,議論起來各個不一,確確實實是不同的,但它們卻又遵守造物主的統一規律而存在。

明白這一道理,立身處世,地位尊貴和地位卑下,實際也是同一的。這裏尊卑、高下只是一種世俗的,甚至是無知的評價。

《孔子聖跡圖》之拜胙過塗

論語

【原文】

子曰：「君子和而不同，小人同而不和。」

【譯文】

孔子說：「君子，講求不同觀點的和諧而不要求觀點一致，小人則強迫觀點一致而不講求協調。」

人生智慧

任何事物都是以矛盾的形式存在的，其內在的矛盾是事物存在的依據。如果沒有了矛盾也就沒有了事物本身。「和而不同」是孔子思想體系中的重要組成部分。「君子和而不同，小人同而不和。」君子可以與他周圍的人保持和諧融洽的關係，但他對待任何事情都必須經過自己大腦的獨立思考，從來不願人云亦云，盲目附和；但小人則沒有自己獨立的見解，只求與別人完全一致，而不講究原則，但他卻與別人不能保持融洽友好的關係。

「和而不同」顯示出孔子思想的深刻哲理和高

《孔子聖跡圖》之山梁歎雉

度智慧。結交朋友也是一樣，沒有完全一致的、十全十美的朋友，求同存異，和諧相處，是最大的收穫，最愉快的結果。

　　在日常生活中，人們對某一問題持有不同的看法，這本是極為正常的。真正的朋友應該通過交換意見、溝通思想而求得共識，即使暫時統一不了思想也不會傷了和氣，可以經過時間的檢驗來證明誰的意見更正確。因此，真正的君子之交並不尋求時時處處保持一致，相反，容忍對方有其獨立的見解，並不去隱瞞自己的不同觀點，才算得上赤誠相見、肝膽相照。但是，有的人卻是隱瞞自己的思想，或是根本就沒有自己的思想，只知道人云亦云、見風使舵；更有甚者，便是黨同伐異、以人劃線：凡是「朋友」的意見，即使是錯了也要加以捍衛；凡是「敵人」的觀點，即使是對的也要加以反對。這樣一來，人與人之間就劃出了不同的圈子，形成了不同的幫派。其「朋友」的真正意義也便蕩然無存了。

人生智慧

【原文】

子曰：「可與言而不與之言，失人；不可與言而與言，失言。知者不失人，亦不失言。」

【譯文】

孔子說：「可以同他交談卻不同他交談，這就會失掉了朋友；不可以同他交談卻同他交談，這就可能說錯了話。有智慧的人既不失去朋友，又不說錯話。」

儒家提倡「少言」、「慎言」，的確有一定的道理，因為很多時候存在「禍從口出」的情況，因此把握好說的時機、場所是非常關鍵的。應該與人交談溝通的時候卻沒有這樣做，這樣就失去了結交人物的機會，可能與一個真正有益於自己的朋友失之交臂。另外一個經常犯錯誤的地方是，說話不看對象，把話對不該說的人說。聰明的人知道哪種人是真人才、真英雄、真朋友，所以，他能做到既不失去結交人物的機會，也不會對道不同的人浪費言辭，說錯話。

知心朋友之間應該多聊聊，有用的、沒有用的，不必有過多的顧忌。很多時候，我們寧願將悲傷或者失意壓在心底，不肯將傷疤露出來給人看到。我們企圖用脆弱的堅強來掩飾自己，我們以為只要我們不說，就不會有人知道，不會有人看見，不會有人嘲笑我們。

但是，一個人的承受能力終究是有限的，與其一個人將所有的無奈吞下，不如跟朋友多聊一聊，找尋一個走出沮喪的出口，還一個快樂健康的自己。

真正的朋友，絕不會在你失敗的時候嘲笑你，

在你需要幫助的時候遠離你。其實很多時候，我們和朋友聊天並不是真的想從朋友那裏得到什麼，朋友的一句鼓勵，一句寬慰，對於失意中的人來說都有著無窮的力量。我們活在這個世界上，很多時候都需要有人認可我們，有人關愛我們，有人與我們同行，站在我們的旁邊，讓我們不再孤單。多和朋友聊天，讓朋友知道你的生活狀況、你的真實想法，而朋友也會跟你聊他的生活，他的喜怒哀樂，兩個人在聊天的過程中會感覺彼此的心貼得很近，感情也會隨著時間的流逝而日益增加。朋友之間貴在坦誠相待，而一起聊天，就是坦誠相待的方式之一。

敞開你的心扉，經常和朋友見見面，聊聊天，你會受益匪淺。

《孔子聖跡圖》之入周問禮

論語的人生智慧

第八章
知人之術

智者是知人善任，尤其是善於識別人的人。「不知人之短，不知人之長，不知人長中之短，不知人短中之長，則不可以用人，不可以教人。用人者，取人之長，避人之短；教人者，成人之長，去人之短也。惟盡知己之所短而能去人之短，惟不恃己之所長而後能收人之長。」

論語

【原文】

子曰:「君子懷德,小人懷土;君子懷刑,小人懷惠。」

【譯文】

孔子說:「君子關心自己的道德修養,小人關心自己的土地田宅;君子關心國家法度,小人關心能得到的恩惠。」

人生智慧

君子與小人是兩種不同類型的人格形態,我們都清楚,要親君子遠小人。孔子認為,君子有高尚的道德,他們胸懷遠大,視野開闊,考慮的是國家和社會的事情,而小人則只知道思戀鄉土、小恩小惠,考慮的只有個人和家庭的生計。利要服從義,要重義輕利,所以,把追求個人利益的人視為小人。作為君子,應當有寬廣的胸懷,可以容忍別人,容納各種事件,不計個人利害得失。心胸狹窄,與人為難、與己為難,時常憂愁,局促不安,就不可能成為君子。反之,心胸坦蕩寬廣的人是君

《孔子聖跡圖》之萍實通謠

第八篇 知人之術

子，而心機太多、心胸狹小的人是小人。

「察人識人乃用人之先。」有學者總結漢高祖劉邦之所以能得天下，其中之一就是他知人善任。不管是做帝王君主也好，做將領統帥也好，做企業主管也好，要想做到事業順利發達，知人善任是很關鍵的。而要想用好人，當然要練就知人的本領。在中國有著極為豐富的知人、識人、用人以及人事管理的理論和經驗，這些理論和經驗存在著一般的普遍性的東西，繼承和吸收這些具有普遍意義的東西，借鑒其中有價值的東西，對於豐富和加強今天的人力資源管理有著重要的意義。

「才」主要在於智力和經驗。人的智慧是不同，甚至有很大的差別。

【原文】
子曰：「君子喻於於義，小人喻於利。」
【譯文】
孔子說：「君子懂得的是義，小人懂得的是利。」
【原文】
子曰：「君子坦蕩蕩，小人長戚戚。」
【譯文】
孔子說：「君子坦蕩心胸寬廣，小人局促經常在憂愁。」

《孔子聖跡圖》之在陳絕糧

論語

人生智慧

【原文】

子張問曰:「令尹子文三仕為令尹,無喜色;三已之,無慍色。舊令尹之政,必以告新令尹。何如?」子曰:「忠矣。」曰:「仁矣乎?」曰:「未知。焉得仁?」

「崔子弒齊君,陳子文有馬十乘,棄而違之,至於他邦,則曰:『猶吾大夫崔子也。』違之。之一邦,則又曰:『猶吾大夫崔子也。』違之,何如?」子曰:「清矣。」曰:「仁矣乎?」曰:「未知,焉得仁?」

【譯文】

子張問孔子說:「令尹子文幾次擔任楚國宰相,沒有顯出喜悅的臉色,幾次被免職,也沒有顯出怨恨的樣子。他每一次被免職一定把自己的一切政事全部告訴給來接任的新宰相。你看這個人怎麼樣?」孔子說:「可算

「金無足赤,人無完人。」是人總有缺點,對人才而求全責備,即使有大才在身邊也視之而不見。古人有云:「龍有蛇之一鱗,不害其為靈,玉有石之一脈,不害其為寶。」這說明識人時不能求全責備。

戰國時衛國的苟變,很有軍事才能,能帶領五百乘兵,即37500人,那時能帶領這麼多兵,可說有大將之才了。子思到衛國,會見衛侯時向他推薦苟變,衛侯說知道這人有將才,可是,他當稅務時白白吃了農民的兩個雞蛋,所以不用他。子思聽了,要他千萬別說出去,不然,各國諸侯聽到了會笑話。

子思指出這種「求全責備」的思想是錯誤的,認為用人要像木匠用木一樣,「取其所長,去其所短」。合抱的大木,爛了幾尺,木匠也不會棄掉它。今處於戰國之世,正需要軍事人才,怎能因白吃兩個雞蛋的小事而不用一員大將呢?因子思的話說到點子上,衛侯的思想才能轉過彎來,同意用苟變為將。如果沒有子思的推薦和教導,有大將之才的苟變就可能要因白吃了兩個雞蛋,而被衛侯棄置不用了。

領導者對人才的求全責備，不只不能知人，而且將會陷害人才。歷史上不少賢才之所以蒙冤，都是由於君主喜歡追究小過，如司馬遷只不過為李陵說了幾句公道話，就被漢武帝處以腐刑，使他遺恨終生。蘇軾因對朝政有意見而寫了幾首諷喻詩，卻蒙「烏台詩案」之冤，下半生都被貶逐，過著顛沛流離的生活。識人切忌求全責備，就要破「求全的心理」。切忌寧肯使用「低能好駕馭者」，也不願起用「高能難馴服者」。

得上是忠誠了。」子張問：「算得上仁了嗎？」孔子說：「不知道。這怎麼能算得仁呢？」子張又問：「崔子殺了他的君主齊莊公，陳文子家有四十匹馬，都捨棄不要了，離開了齊國。到了另一個國家，他說，這裏的執政者也和我們齊國的大夫崔子差不多，就離開了。到了另一個國家，又說，這裏的執政者也和我們的大夫崔子差不多，又離開了。你看這個人怎麼樣？」孔子說：「可以算得上清高了。」子張說：「可說算是仁了嗎？」孔子說：「不知道。這怎麼能算得仁呢？」

《孔子聖跡圖》之退修詩書

論語

【原文】

子曰：「孟之反不伐，奔而殿，將入門，策其馬，曰：『非敢後也，馬不進也。』」

【譯文】

孔子說：「孟之反不喜歡誇耀自己。敗退的時候，他留在最後掩護全軍。快進城門的時候，他鞭打著自己的馬說：『不是我敢於殿後，是馬跑得不快。』」

人生智慧

孔子給予孟之反高度評價，宣揚他提出的「功不獨居，過不推諉」的學說，認為這乃是人的美德之一。

有功而不自誇，甚至加以掩飾，這樣的人是多麼難能可貴！

孔融讓梨的故事也告訴我們，做人做事不能自私，要先人後己。隨著年齡的增長，可能有的人就忘記了最初受到的那些最淺顯也是最重要的教育，不是自己的東西不要拿，做事要時時想著他人，不能光顧自己。

《孔子聖跡圖》之麒麟玉書

第八篇 知人之術

這些道理是指引我們一生的明燈,任何時候都不可拋棄。

而且要學會與人分享成功和快樂,分享是最大的幸福。

有朋友在單位得了大獎,一開始他還很快樂,但是過了一段時間,他卻開始悶悶不樂,原來單位的同事,包括他的上司和屬下都在有意無意地和他作對,他感到很孤立。

原來,當初老闆在員工大會上表揚他之後,還另外給了他一個紅包。其實就事論事,按照貢獻大小他獲得獎勵是理所應當的事情。但是任何一項工作都是群體勞作的結果,如果沒有其他同事的鼎力配合,沒有上司對他的信任,沒有下屬幫他找資料,他也確實無法順利地完成工作。他獲得獎勵後一副心安理得的樣子,當然會讓所有的同事都對他產生反感。

不要獨享榮譽,否則這份榮譽會為你帶來人際關係上的危機。

其實,別獨享榮譽,說穿了就是不要去威脅到別人的生存空間,因為你的榮譽會讓別人變得沒有光彩,產生一種不安全感,而你的感謝、分享、謙卑正好讓大家吃了一顆定心丸,覺得就算有一天你得勢,也不會太欺負別人。

而且,從人際關係的角度考慮,與人分享也應該是人生最大的幸福。

論語

　　當你通過自己的努力，終於謀到了一份賺錢很多的工作的時候，當你終於成了老闆並開始擁有了自己的私家車的時候，給過去的朋友打個電話，請大家吃頓飯，讓他們分享你的成功，那種快樂遠比你一個人吃龍蝦要好得多。

　　吃獨食的人雖然能夠吃到很多，但是卻得不到快樂，與人分享的人可能吃的還沒有大家多，但他卻會品嘗到與人分享的快樂。

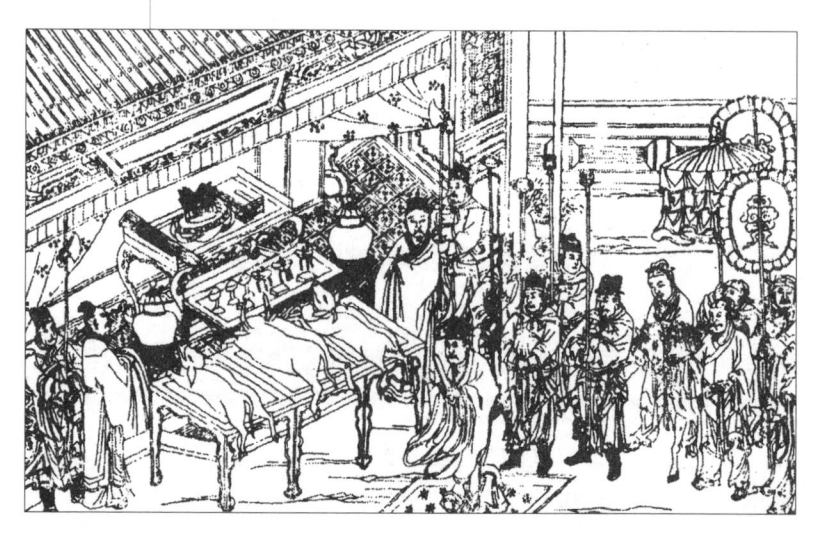

《孔子聖跡圖》之太牢祀聖

人生智慧

都說良藥苦口利於病，忠言逆耳利於行，可見忠言和良藥一樣，都是苦的，都是人們不願意接受的。但不是所有的規則都是一成不變的。忠言不一定非得逆耳不可，很多時候，可能順耳的忠言更容易讓人接受。

僅有為別人著想的願望還不夠，還需要有技巧；僅有做領導的責任感還不夠，批評別人的時候還是要講技巧。

說到底，忠言或者批評的話都是以為對方好為出發點，因此，讓對方明白你的一番好意就必須謹慎行事，在技巧上還要動動腦子。

在進行勸說的時候，為了給對方找一個臺階，你可以假定對方是在一開始沒有掌握情況的時候犯的錯誤。

你可以對他說：「在那種情況下，任何人都想不到。」、「當然，我理解你的想法，因為，當時你並不清楚事情的經過。」這樣，別人會覺得你很體諒他，所以，很自然地就虛心接受了你的批評和建議。

再者，可以建議代替忠言。批評和建議是緊密聯繫在一起的。批評的目的主要是希望對方能夠改

【原文】
子曰：「法語之言，能無從乎？改之為貴。巽與之言，能無說乎？繹之為貴。說而不繹，從而不改，吾末如之何也已矣。」
【譯文】
孔子說：「符合道理的正言規勸，誰能不聽從呢？但只有按它來改正自己的錯誤才是可貴的。恭順讚許的話，誰能聽了不高興呢？但只有認真推究它的真偽是非，才是可貴的。只是高興而不去分析，只是表示聽從而不改正錯誤，對這樣的人我拿他實在是沒有辦法了。」
【原文】
子曰：「愛之，能勿勞乎？忠焉，能勿誨乎？」
【譯文】
孔子說：「愛他，能不為他勞苦嗎？忠於他，能不對他勸告教誨他嗎？」

正缺點和錯誤,從而向正確的方向發展。所以,建議應該是有明確的方向的,不能讓人家去猜。切記不要隨便進行比較。

你可以批評一個人,或者忠告一個人,但是,你最好不要拿對方跟周圍其他的人相比,因為每個人都有他自己的特點。

《孔子聖跡圖》之紫文金簡

第八篇 知人之術

人生智慧

自然，人非聖賢，孰能無過？我們不必苛求，但是，有時候也不可不求。一個人，人人都厭惡他，可能是大惡；人人都喜歡他，往往是大奸。這一段講了兩個方面的意思。

一是絕不人云亦云，不隨波逐流，不以眾人之是非標準決定自己的是非判斷，而是要經過自己大腦的獨立思考，經過自己理性的判斷，然後再做出結論。

二是一個人的好與壞不是絕對的，在不同的地點，不同的人心目中，往往有很大的差別。所以孔子必定用自己的標準去評判他。

俗話說：「林子大了，什麼鳥都有。」世上有各式各樣的人，有好人，也有壞人。全鄉的人都喜歡他，包括壞人也喜歡他，這說明他誰也不得罪，毫無原則，甚至是同流合污。對於一個人的正確評價，其實並不容易。

但在這裏孔子把握住了一個原則，即不以眾人的好惡為依據，而應以善惡為標準。聽取眾人的意見是應當的，也是判斷一個人優劣的依據之一，但絕不是唯一的依據。他的這個思想對於我們今天識別好人與壞人有著重要的意義。

【原文】

子貢問曰：「鄉人皆好之，何如？」子曰：「未可也。」「鄉人皆惡之，何如？」子曰：「未可也。不如鄉人之善者好之，其不善者惡之。」

【譯文】

子貢問孔子說：「全鄉人都喜歡、讚揚他，這個人怎麼樣？」孔子說：「這還不能完全肯定。」子貢又問孔子說：「全鄉人都厭惡、憎恨他，這個人怎麼樣？」孔子說：「這也是不能肯定的。最好是全鄉的好人都喜歡他，全鄉的壞人都厭惡他。」

【原文】

子曰：「眾惡之，必察焉；眾好之，必察焉。」

【譯文】

孔子說：「大家都厭惡他，一定要仔細考察這個人；大家都喜歡他，也一定要仔細考察一下這個人。」

人有七情，自有喜好與厭惡之情，但是，這種好惡之情絕對不能摻入對真理的認識當中。勿以好惡論斷之，這是一種怎樣的人生境界！這是一種何等的明智選擇！當一個人可以將對事物的判斷游離於感情的親疏之外，那他必是明哲之人了！感情的親疏可以蒙蔽你的雙眼，讓你看不清事物的真面目，阻礙你對真理的認識，成為你求知路上的絆腳石。

《孔子聖跡圖》之鈞天降聖

第八篇 知人之術

人生智慧

孔子提出了君子與小人之間的另一個區別。

君子做事不整人，對事不對人；小人整人不做事，對人不對事。作為君子，他並不對人百般挑剔，而且也不輕易表明自己的喜好，但在選用人才的時候，往往能夠量才而用，不會求全責備。但是小人就不同了。在現實社會中，這樣的君子並不多見。

譬如和珅雖是一個處處奉承、時時阿諛的人，卻是滿腹才華，聰敏機智，不得不讓人佩服。

【原文】

子曰：「君子易事而難說也。說之不以道，不說也；及其使人也，器之。小人難事而易說也。說之雖不以道，說也；及其使人也，求備焉。」

《孔子聖跡圖》之舞雩從遊

論語

【譯文】

孔子說：「為君共事很容易，而難以討他的歡喜。不按正道去討他的喜歡，他是不會喜歡的。但是，當他使用人的時候，總是量才而用人；為小人辦事很難，但要取得他的歡喜則是很容易的。不按正道去討他的喜歡，也會得到他的喜歡。但等到他使用人的時候，卻是求全責備。」

佩服什麼？佩服他的精明。這個和珅，別看他治國無才、安邦乏術，對人的悟性卻很高。他對乾隆琢磨得很透徹：這種有為之君，一向好為不凡之舉，自視甚高；最喜歡別人發現自己的英明過人之處，稱頌自己的豐功偉績。奉承話即便說過頭了，皇上也愛聽；皇上即便聽出了肉麻，也沒什麼危險，頂多不過訓斥兩句罷了。和珅還有一悟：在皇上身上多下工夫比在政事上煞費心血、創造政績，在戰場上建功立業，要容易得多，收益也大得多。它是博取高官厚祿的一條捷徑。

切不要以為乾隆就比尋常人糊塗，和珅就比尋常人下作。其實，愛聽好話是普遍的人性。

這種人性不光皇帝身上有，一般人也有。喜歡拍馬奉承是一些人的普遍習性，只不過和珅是一個集大成者，將這種習性發揮得更見功夫，連尋常慣於拍馬奉承的人看了，也覺得有點兒刺目、有點兒難為情罷了。

但實際生活中，對事不對人的「君子」所為，也被改變了模樣，成為沒有原則的表現。

第八篇 知人之術

人生智慧

孔子對管仲這個人是有認可也有否定的,但總的來說,他肯定了管仲有仁德。根本原因就在於管仲「尊王攘夷」,反對使用暴力,而且阻止了齊魯之地被「夷化」的可能。沒有在他的節操與信用上斤斤計較。

人們常常說:「凡事不能不認真,凡事不能太認真。」

一件事情是否該認真,要視場合而定。退一步海闊天空,只要換個思維想一想,一切就都迎刃而解了。

【原文】

子貢曰:「管仲非仁者與?桓公殺公子糾,不能死,又相之。」子曰:「管仲相桓公,霸諸侯,一匡天下,民到於今受其賜。微管仲,吾其被髮左衽矣。豈若匹夫匹婦之為諒也,自經於溝瀆而莫之知也。」

《孔子聖跡圖》之靈公問陳

【譯文】

子貢問：「管仲不是仁人了吧？桓公殺了公子糾，他不能為公子糾殉死，反而做了齊桓公的宰相。」孔子說：「管仲輔佐桓公，稱霸諸侯，匡正了天下，老百姓到了今天還享受到他的好處。如果沒有管仲，恐怕我們也要披散著頭髮，衣襟向左開了。哪能像普通百姓那樣恪守小節，自殺在小山溝裏，而誰也不知道呀。」

荷馬・克羅伊是一個作家，以前他寫作的時候，常常被紐約公寓熱水管的響聲吵得心煩。荷馬說：「後來有一次我和幾個朋友一起出去宿營，當我聽到木柴燒得很響時，我突然想到，這些聲音多像熱水管的響聲，為什麼我會喜歡這種聲音，而討厭那種聲音呢？回到家以後，我跟自己說，火堆裏木頭的爆裂聲是一種很好聽的聲音，跟熱水管的聲音差不多。我該埋頭大睡，不去理會這些噪音。結果我做到了，頭幾天我還會留意熱水管的聲音，可是不久我就把它們都忘了。」

荷馬聰明地擺脫了一個小小的困擾，如果他一味地在這件事上糾纏不清，最後不見得能把問題解決，還白白浪費了時間，而他自己也會異常苦惱，那多不划算啊！

《孔子聖跡圖》之聖門四科

所以，凡事總會找到解決的途徑，只要你肯動腦筋。對於一些無關緊要的小事，你真的不必太過計較。

人生苦短，多留些快樂的日子給自己吧！

《孔子聖跡圖》之先聖小像

人生智慧

【原文】

子曰:「君子不器。」

【譯文】

孔子說:「君子不能像器具那樣(只有某一方面的用途)。」

【原文】

子謂仲弓,曰:「犁牛之子騂且角。雖欲勿用,山川其舍諸?」

【譯文】

孔子在評論仲弓,說:「耕牛產下的小牛犢,長著紅色的毛和端正的硬角,人們雖想不用牠做祭品,但山川之神難道會捨棄牠嗎?」

　　有多少人,就有多少種擇人任勢。擇人任勢只能夠靠實踐去豐富。君子是孔子心目中具有理想人格的人,非凡夫俗子,他應該擔負起治國安邦之重任。對內可以妥善處理各種政務;對外能夠應對四方,不辱君命。所以,孔子說,君子應當博學多識,具有多方面才幹,不只局限於某個方面,因此,他可以通觀全局、領導全局,成為合格的領導者。這種思想在今天仍有可取之處。人若像器,便只能在特定的領域有用處了,這是孔子所不屑的。

　　故善戰者,求之於勢,不責於人,故能擇人而任勢(《孫子》)。有一個將軍,他習慣用怕死的士兵放哨。別人不解,他就說假如用勇猛的士兵站崗,遇到問題一定會戰死,而膽小的士兵則會跑回營中報告。這就不能不說此將軍非常知人善用。西楚霸王項羽所能駕馭的,也就是自己的勇猛,不善於充分調動廣泛的資源為己所用。而劉邦清醒,知道自己之所短,他人之所長,故能充分調動所有資源為己所用,於是建立千秋帝業。

第八篇 知人之術

人生智慧

人生在世,朋友是必不可少的。然而,朋友的好與壞,對一個人的影響很大。好的朋友會互相勉勵,共同進步,壞的朋友則只會互相利用,乃至一同墮落,誠如古人所說的,「與邪佞人交,如雪入墨池,雖融為水,其色愈汙;與端方人處,如炭入雪爐,雖化為灰,其香不滅。」所以,關鍵在於謹慎交友。孔子說:「益者三友,損者三友。友直,友諒,友多聞,益矣。友便辟,友善柔,友便佞,損矣。」孟子說:「友也者,友其德也。」意思是說,我們交友,應該注重對方的德行。只有這樣,

【原文】

孔子曰:「益者三友,損者三友。友直,友諒,友多聞,益矣。友便辟,友善柔,友便佞,損矣。」

《孔子聖跡圖》之楚狂接輿

【譯文】

孔子說：「有益的朋友有三種，有害的朋友有三種。與正直的人交朋友，與誠信的人交朋友，與見聞廣博的人交朋友，這是有益的。與慣於走邪道的人交朋友，與善於阿諛奉承的人交朋友，與慣於花言巧語的人交朋友，這是有害的。」

才能使我們獲得良師益友，幫助自己走好人生之路。唐代詩人陳子昂也說：「尚德行者，必惡兇險之妻；務公正者，必無邪佞之朋；保廉節者，必憎貪冒之黨；有信義者，必疾苟且之徒。」這又是說，我們交友，首先自己要有高尚的德行、公正的品質、廉潔的操守和誠實的心地，這樣才能擯斥「兇險之妻、邪佞之朋、貪冒之黨和苟且之徒」。而要達到這一境界，就需要我們自覺加強自身的修養，努力讀書修德，不斷提高自己的思想水平和認知能力。

交友如何，對人一生事業的成敗，生活的富貴，確實至關重要。朋友就是人氣，就是人脈，俗話說：「在家靠父母，在外靠朋友」，「多一個朋友多一條路」。但是不同的朋友會帶來不同的結

《孔子聖跡圖》之靈公郊迎

果：結交良師益友，是正道。否則，對你的人生沒有什麼幫助。

走在正道上的人可以步步上升，無論是事業，還是道德修養。結交朋友，貴在相知。真正的友情是一種心靈的默契，是一種無論何時何地相互的牽掛。

沒有真心的友誼，就如兒童吹起的泡沫，最終只有一個結局——破滅。友誼是長在時空歲月裏的花朵，只有用心靈與真誠去呵護，才會有或濃或淡的幽香時時融入我們生活的氣息。

《孔子聖跡圖》之二龍五老

論語

【原文】

子曰：「鄙夫可與事君也與哉？其未得之也，患得之，既得之，患失之。苟患失之，無所不至矣。」

【譯文】

孔子說：「與一個卑鄙的人一起侍奉君主嗎？他在沒有得到官位時，總擔心得不到。已經得到了，又怕失去它。如果他擔心失掉官職，那他就什麼事都幹得出來了。」

人生智慧

人生無非就是一個得到和失去的過程，只收穫不失去是不可能的，人獲得了生命，到最後還不是要歸於塵埃？所以，大可不必在得到與失去之間苦苦地掙扎、徘徊，該是你的遲早都是你的，誰也搶不去，不該是你的你怎麼費力氣也得不到。得到的時候，不能得意忘形，一時的得意並不代表永久的得意，要看前方的路，你還有很長很遠的路要走。失意的時候也不能消極沮喪，誰都有不如意的時候，重要的是振作起來，誰都有重新來過的機會，誰也不能證明你就不行。

天下萬事萬物都有正面和反面。你得到了金錢，同時你可能失去了休閒的時間，失去了健康的身體。你失去了愛情，同時你獲得了與人相處的智慧，知道如何去關心別人、愛護別人，為你日後獲取另一份愛情打下了堅實的基礎。得失之間，需要你細細地去品味和權衡。得到的時候不要張狂失態，失去的時候不要太過計較。

過於注重個人的得失，會使一個人變得心胸狹隘，斤斤計較，目光短淺。人在患得患失間不但會失去快樂，還會失去機會，失去把握人生方向的能力。塞翁失馬，焉知非福？禍往往與福同在，福中

又往往潛伏著禍。得到了不一定是好事，失去了也不見得是壞事。得與失都是你遲早的經歷，如果在其中苦苦掙扎，那人生未免太過無聊。「不以物喜，不以己悲。」古人早在一千多年前就得出了這個道理，何況我們今天的現代人？

放開心胸往前看，平靜地對待一切榮辱、一切悲歡。你會發現，其實，人生總會有亮麗的色彩，美好的希望總與你同在。

一個過於追求名利的人，必定時常患得患失，而一個患得患失的人，是沒有穩定的心態與恆定的心志的。為了得，他會不擇手段。與其共事，太危險了。

《孔子聖跡圖》之五乘從遊

論語

人生智慧

【原文】

子貢問曰：「賜何如？」子曰：「女（汝）器也。」曰：「何器也？」曰：「瑚璉也。」

【譯文】

子貢問：「我怎樣？」孔子說：「你啊，像器皿一樣，只有一種用途。」問：「什麼器皿？」答：「瑚璉。」

子貢是孔門中的恃才自傲者。他知識淵博，反應敏捷，口才出眾，自以為是全才，也很希望像宓子賤那樣，讓孔子肯定為君子。所以，子貢問孔子：「您說我是個什麼樣的人呢？」孔子以一個淡淡的比喻答道：「你呀，只夠得上是一種器皿吧。」這顯然是委婉地告訴子貢，你還夠不上是君子，因為孔子的主張是「君子不器」。

但是，子貢好勝過人，並不想到此為止。他追問道：「是什麼樣的器皿呢？」孔子明確回答：「瑚璉。」「瑚璉」是一種祭器，儘管貴重而華美，

《孔子聖跡圖》之敬入公門

也只能用於宗教場合。這說的是，與冉求一樣，子貢也是僅有某一方面的政治才能，更缺乏政治德行，所以不配稱君子。

禰衡是東漢末年的一位名士，很有才氣，但也很狂妄。求才若渴的曹操很想將他招致自己的屬下，他卻有點看不起曹操，不僅不肯來，還說了許多不敬的話。

曹操雖然十分生氣，因愛他之才，也沒殺他，聽說他善於擊鼓，便強令他到自己的帳下做一名鼓吏，想以此殺一殺他的傲氣。

一次，曹操大宴賓客，令禰衡擊鼓，並特意為他準備了一身青衣小帽。

當禰衡一襲布衣進入席間時，從官呵斥道：「鼓吏為什麼不換衣服？」

《孔子聖跡圖》之哀思孔悲

禰衡看了看眼前的場面，明白了曹操的意圖，他不慌不忙地脫了外衣，又脫內衣，最後就這麼當著滿室賓客，一絲不掛，裸身而立，然後才徐徐穿上曹操為他準備好的鼓吏裝束，擊了一通《漁陽三弄》。曹操隱忍再三，又一次要召見他，並備有盛宴，準備好好招待他。可狂傲的禰衡連營門都不入，手持木杖，在營門外捶地大罵。

曹操的屬官紛紛要求殺了禰衡，曹操這一次也十分生氣，但還是考慮到自己的名聲，說：「我要殺禰衡，還不像殺一隻老鼠、麻雀那麼容易，只是因為這小子有點虛名，我要殺了他，天下之人或許會以為我不能容他，且將他送給劉表，看劉表如何處置他吧！」

荊州太守劉表明白曹操是要借他之手殺掉禰

《孔子聖蹟圖》之子路問津

第八篇 知人之術

衡,他也不願落下一個殺才士的惡名,客客氣氣招待他幾天之後,又將他送到了江夏太守黃祖那裏。

黃祖這個人脾氣特別急躁,也不圖自己有愛才美名,一旦遇上像禰衡這麼個狂士,自然水火不能相容。

有一次黃祖在一艘大船上宴請賓客,禰衡出言不遜,黃祖呵斥他,他盯住黃祖的臉說:「你這個行屍走肉,為什麼不讓我說話呢?」黃祖可沒曹操那樣的雅量,一怒之下,便將他斬首了事。這就是禰衡狂妄的最終下場。

《尚書》中說「滿招損,謙受益」,就是說不張狂、不自滿,人才能有所收益。做人必須謙虛,才能夠博採眾長,用以充實自己,還會自覺地改過從善,提高自己的修養,從而受益,並能得到別人

《孔子聖跡圖》之三壟植楷

的尊重。

世界上有些自以為是、沾沾自喜、自高自大的人，目光短淺，猶如井底之蛙。有一點才華就不可一世，實在自惹禍患。

王陽明認為：猖狂、傲慢的反面是謙遜，謙遜是對症之藥，虛以處己，禮以待人，不自是，不居功，擇善而從，自反自省，控狂制傲，方可成大事。

《孔子聖跡圖》之侍席魯君

論語的人生智慧

第九章
論世之觀

人是社會的組成部分，擔當一定的社會角色，要養成一種立身的原則：我們要把我空掉，放棄一些令人升起分別對待的價值觀，如此的處世之態，才能優遊自在地與自然同在！

論語

人生智慧

【原文】

有子曰：「信近於義，言可復也；恭近於禮，遠恥辱也；因不失其親，亦可宗也。」

【譯文】

有子說：「向別人承諾，要適宜恰當，實事求是，這樣的承諾才能兌現；對人恭敬要符合於禮俗，這樣才能遠離恥辱；所依靠的都是親近的人，也可以向他學習。」

一個人在做事的時候，應該考慮一下自身的客觀條件，不要說大話、空話，要給自己留有餘地；對人要尊敬，但不能過分，與人共事，需要找信得過的人，而且彼此最好有共同利益。

曾經有人採訪比爾・蓋茨，詢問他成功的祕訣。比爾・蓋茨說：因為有更多的成功人士在為我工作。

陳安之的超級成功學也提到：先為成功的人工作，再與成功的人合作，最後是讓成功的人為你工作。成功的人很多，但在我生活中我不認識，也沒

《孔子聖跡圖》之農山言志

第九篇
論世之觀

有辦法去為他工作,而讓成功的人為我工作,在現階段,我更沒有這個實力。只有合作,是我最喜歡和最欣賞的。

最適合合作的人應該有以下幾個特點:具有不甘心的幹勁;具有較強的學習能力;具備很強的主觀能動性;要懂付出;有強烈的溝通意識;誠懇大方;有最基本的道德觀。

曾經有一個記者在家寫稿時,他的四歲兒子吵著要他陪。記者很煩,就將一本雜誌的封底撕碎,對他兒子說:「你先將這上面的世界地圖拼完整,爸爸就陪你玩。」

過了不到五分鐘,兒子又來拉他的手說:「爸爸,我拼好了,陪我玩!」記者很生氣:「小孩子要玩是可以理解的,但如果說謊話就不好了。怎麼可能這麼快就拼好世界地圖!」兒子非常委屈:「可是我真的拼好了呀!」記者一看,果然如此。不會吧?家裏出現了神童?他非常好奇地問:「你是怎麼做到的?」兒子說:「世界地圖的背面是一個人的頭像。我反過來拼,只要這個人好了,世界就完整了。」

所以做事先做人。做人做好了,他的世界也就是好的。

論語

【原文】

子張問崇德辯惑。子曰：「主忠信，徙義，崇德也。愛之欲其生，惡之欲其死。既欲其生，又欲其死，惑也。『誠不以富，亦祇以異。』」

【譯文】

子張問怎樣崇尚德行和辨別迷惑。孔子說：「立足忠信，按近義，是崇尚德行。愛一個人，希望他長壽，恨一個人希望他早死。既想讓他長壽，又想讓他早死，這就是迷惑。《詩經》上說：『誠信不能致富，就只能招致異議。』」

人生智慧

一個人要贏得別人的信任，關鍵在於老老實實地做人，因此我們應該從小嚴格要求自己不說謊話，言行一致，答應別人的事就要放在心上，努力做到。

在原祁縣城西關的一處僻靜的小巷裏，有一家門面並不很大的當鋪——復桓當。復桓當地理位置雖不顯眼，但因遠近8個村莊的農民頻繁進城躲災，上門的顧客並不少。加上復桓當注重服務態度，當物估價比其他當鋪高。且一年365天整日營業，連大年初一也不休息。而且還規定：每年除夕通宵營業，次日天明的第一筆交易叫天字第一號當，當戶要多少錢就給多少錢，不打折扣，因此，復桓當在祁縣商譽好；尤其是它堅守信譽，工作認真，給當戶們留下了難忘的印象。

清末民初的一天，復桓當的櫃檯夥計，由於疏忽大意，把一件狐皮大衣誤認為羊皮皮襖讓人「贖」走了。當狐皮大衣的當主來贖當時，才發現了差錯。事情報大掌櫃知道後，他立即召集夥友訓話，強調指出，贖錯當是當業大忌，是關係本鋪名聲的大事，一定要徹底清查，糾正錯誤。從此，復桓當全號夥友日以繼夜地核對每張當票和賬簿，逐人逐

事回憶當時的情況。

　　經過仔細排查，發現了一點線索，錯贖範圍縮小到臨城的幾個村子。於是，大掌櫃親自率人去附近農村調查，幾乎把臨城村鎮當過皮衣的贖戶都濾了一遍。

　　終於查明錯贖戶是北谷豐村的一位姓范的農民。真相雖然大白了，大掌櫃又擔心姓范的農民硬是不認賬，收不了場。他又尋找自己北谷豐村的親戚上門，先做了摸底、說服工作，然後，大掌櫃才拿上羊皮皮襖送到范家，一進門就連聲檢討，錯在復桓當，絕不能怪范家。狐皮大衣取回後，大掌櫃又親手送還了失主，還對錯贖做了一定經濟賠償。這件事很快就在祁縣城鄉傳播開來，它不僅未因出錯而影響了復桓當的業務，反而使復桓當的牌子叫得更加響亮！

　　守信可以產生巨大的能量。把「忠信篤實」作為座右銘印在腦子裏，落實到實際行動上，這樣就可以使人人都信服自己。

【原文】

子貢曰：「君子之過也,如日月之食焉。過也,人皆見之。更也,人皆仰之。」

【譯文】

子貢說：「君子的過錯,好像日蝕一樣：他犯錯,人人都看得見；他改正了,人人都仰望著他。」

人生智慧

縱使一個有高尚品德的人,也不免會有犯錯的時候。不過,由於他本來就不是出於有意,而且心地光明磊落,道德修養高,因此,他不怕有過錯,也不會加以掩蓋,文過飾非,不但能夠毫不含糊地、坦率地公開承認自己的過錯,而且更能夠勇敢地公開改正自己的過錯。

佛法亦云：從上皆稱改過為賢,不以無過為美,故人之行事多有過差,上智下愚俱所不免。唯智者能改過遷善,而愚者多蔽過飾非。遷善則其德日新,是稱君子；飾過的其惡彌著,斯謂小人,君子之過,如日月之食。過也,人皆見之。更也,人皆仰之。

威靈頓的誠實為世人做出了榜樣。他曾經一度因為失聰而愁眉不展,在飽受折磨後,他找到了當時很有名氣的一名耳科醫生,在嘗試了各種治療手段都不見起色後,醫生最終決定向威靈頓的耳中注射一種腐蝕性很強的藥劑進行強化治療,這種藥引起的劇痛是難以忍受的,但堅強的威靈頓顯示出無比的鎮定。

後來一次偶然的機會,威靈頓的私人醫生去看望他,發現這位昔日英武的「公爵」面頰緋紅,雙

眼充滿血絲，走路也搖搖晃晃。於是馬上對他的耳朵進行了檢查，他驚異地發現這隻耳朵有很嚴重的炎症，如果不及時治療和控制就會危及大腦，甚至有生命危險。醫生馬上採取了消炎措施，但那隻耳朵的聽覺已經被徹底破壞了，為威靈頓進行治療的那位耳科醫生聽說了這件事，知道自己闖了大禍。連忙到阿普斯利去看望威靈頓，表達自己的歉意。

威靈頓沒有責怪他，而是溫和地對他說：「這件事情我們都不要再提了，我知道你已經盡力了。」

於是這位耳科醫生又向威靈頓訴說了自己的擔憂，如果人們知道是他造成「鐵公爵」失聰的，那他不僅名譽掃地，還可能丟掉飯碗。

威靈頓安慰他說：「這件事情已經過去了，沒

《孔子聖跡圖》之楛矢貫隼

必要讓別人知道。你已經知道錯了，只要你以後盡職盡責，繼續做好你自己的事情，我是不會對任何人說的。」

這樣做，豈不會降低威信，相反，只會更加提高威信；豈不會被人鄙視，相反，只會更加受人尊敬。猶如日蝕月蝕時，人們都看得見，也都仰望著它恢復光明；正是因為人們相信「日月之食焉」那只是暫時的，而日月的光輝卻是永恒的；暫時的「食焉」，絲毫無損於它永恒的光輝。人們的期望是這樣的，君子的風度也正是這樣。

《孔子聖跡圖》之四子侍坐

人生智慧

【原文】

　　子曰：「人無遠慮，必有近憂。」

【譯文】

　　孔子說：「一個人如果沒有長遠打算，一定會有眼前的憂患。」

　　人的一生要發生很多事情，沒有人知道自己將來要發生什麼事情，如果自己不為自己想一下將來的事情，沒有人會提醒你。一定要有居安思危的思想，才能防患於未然。

　　項梁自吳中起義，率八千人渡江向西，加入消滅暴秦的行列。這時，聽說有個名叫陳嬰的人已佔領了東陽縣，便派人前往聯絡，想要和他一起聯兵西進。

　　陳嬰本是東陽縣一個小官，一直忠信恭謹，甚得縣民愛戴。後來天下大亂，東陽縣民中一夥年輕人殺死縣令，聚眾起義。起義軍找不到合適的首領，便延請陳嬰來領導。陳嬰推辭不掉，只好當了領袖。起義軍又想推陳嬰為王，建立這支部隊自己的名號。

　　陳嬰的母親極有見識，她對兒子說：「自從我嫁來你家後，未曾聽說你家先祖中有過尊榮發達的人，你一旦稱王，突然獲得尊貴的身分，恐怕會因此而遭受禍殃。不如將這支部隊投靠到別人旗下，若是最後成就大事，你也可以列功封侯；若不幸失敗了，你還可以隱姓埋名，易於逃亡。」

　　聽了母親的分析，陳嬰於是不敢稱王，對眾義

軍說:「我原是個秦國小官,威望不足以服人。今項梁起事江東,引兵西渡,派人來要求聯合抗秦。項氏世世為楚將,聲名重於天下,我們欲舉大事,不如倚重世家名族,如此必能推翻秦朝。」

　　一共兩萬多人的東陽義軍,便依陳嬰的建議,投到項梁旗下。項梁得到這支大軍後,聲勢大振,又有不少人慕名前來歸附,陣容一下子擴充至六七萬。其中包括一名驍勇善戰的猛將英布,項梁讓他與侄兒項羽同居先鋒,然後就率領著聲勢浩大的義軍,繼續向西進發。陳嬰也成為一名猛將,並未不明不白死於政治陰謀。

　　其實陳嬰之母的說辭不一定是對的,因為劉邦之前也是個小官,可是他最後奪得了天下。況且將相本無種,祖上無尊榮之人,並不代表陳嬰就不能

《孔子聖跡圖》之商羊知雨

享大位。但她對陳嬰說這一番話,可能是因為知子莫若母,知道陳嬰的性格不適合與各路梟雄爭逐天下;若不適合卻硬要當王,丟掉性命的可能性就很大,因此不如依附在強者的勢力之下,進可享爵位,退可隱姓埋名,保有生命。從這個角度來看,陳嬰母親是相當務實的。

陳嬰也能聽從警告,居安而思危,實乃大幸。

《孔子聖跡圖》之跪受赤虹

論語

【原文】

子絕四：毋意，毋必，毋固，毋我。

【譯文】

孔子平時杜絕四種毛病：不主觀臆測，不絕對武斷，不固執己見，不自以為是。

人生智慧

臆測、武斷、固執、自以為是，是一般人的痼疾頑症。它是一種以「我為核心表現出來的一種自我膨脹的極端心態」。這種心態往往會導致致命的錯誤。

馬謖從小聰明過人，他父親是個軍事指揮家，戰功卓著。

馬謖從小就徜徉在父親豐富的軍事藏書裏，他從小對軍事理論就興趣盎然，過目不忘，但性情張揚，常對人誇誇其談。他父親去世早，他母親告誡他說：「孩子，軍事技術來不得半點誇誇其談，鬧

《孔子聖跡圖》之知魯廟災

不好你就使萬千人頭落地了。還是要扎扎實實下工夫學點真本事才好。」

馬謖不以為然，當面頂撞母親說：「妳太老了，盡抱著老古董不放。我人聰明，學東西特快，人能知十我能知百，妳擔的什麼心？」

後來母親死了，更無人管得住馬謖了。馬謖是湖北襄陽人，後來跟著劉備從湖北荊州入蜀，先後當過綿竹成都令、越雋太守。馬謖的能言善辯得到了諸葛亮的賞識，而劉備卻對諸葛亮提醒說：「馬謖日常的高談闊論與他的真本事並不相符，絕不能重用他。」

諸葛亮一世英名，卻錯在一時心慈，畢竟自己與馬謖之父是莫逆之交，對劉備的勸告未引起足夠重視。

《孔子聖跡圖》之羖羊辨怪

論語

在兵發祁山討伐魏軍過程中，遇到魏國大都督司馬懿率軍兼程倍進搞偷襲，說：「司馬懿出關，必取街亭，斷吾咽喉之路，誰願領兵前去扼殺？」

時任參軍的馬謖說：「末將願往。」

諸葛亮說：「街亭雖小，干係甚重，倘街亭失守，吾大軍皆休矣。此地奈無城郭，守之極難。」

馬謖說：「某自幼熟讀兵書，頗知兵法，豈一小小街亭亦不能守麼？」

諸葛亮提醒說：「司馬懿非等閒之輩，更有先鋒張，乃魏之名將，恐汝不能敵之。」

馬謖說：「休道司馬懿、張，就是來，有何懼哉？」

曹睿是曹操的孫子，現在是魏國的明帝，司馬懿就是在曹睿駕前為臣。

諸葛亮說：「軍中無戲言，須立軍令狀。」馬謖於是又當場立下了軍令狀：「若有差失，乞斬全家。」

諸葛亮說：「縱是如此，吾還是不放心，與你二萬五千精兵，再派一上將相助於你。」

諸葛亮派去助馬謖的上將軍王平，素以謹慎著稱，故諸葛亮派他前往，以防止馬謖再犯言過其實的錯誤，並對馬謖、王平二人當面部署了街亭防守的布兵紮寨之法。

諸葛亮也算仁至義盡了。

但偏偏馬謖不爭氣。此次被授命為先鋒，位在

王平之上,馬謖到街亭便自以為是起來,當面對副將王平奚落諸葛亮說:「丞相何故多心也,本將就不會布兵乎?」於是違背諸葛亮關於屯兵固守街亭的部署,副將王平奈他不何。結果街亭失守,諸葛亮無奈斬馬謖。

孔子所表現的「毋意,毋必,毋固,毋我」四種心態,其實還是經過弟子的詳審細察,才默然記下的情況。這就從一個側面反映了孔子平時立身、行事、處世所表現的「四毋」態度,真有如對待生活中的必需品那樣,習以為常,顯得那麼自然、平凡,沒有絲毫的做作!

而這,其實正是孔子學問修養真正到了家的感人和偉大處!

論語

【原文】

子曰：「道不遠人。人之為道而遠人，不可以為道。」

【譯文】

孔子說：「道並不排斥他人。如果有人實行道卻排斥他人，那就不可以實行道了。」

人生智慧

我們不要對人求全責備，而應該設身處地、將心比心地為他人著想，自己不願意的事，也不要加給他人。

過高估價自己的人，往往目空一切，好高騖遠。對於身邊的小事不屑一顧，認為自己是個不凡者，等著做一番驚天動地的大事業。結果往往是一生碌碌無為，毫無建樹，最後還在可笑地埋怨自己沒有好的機遇。

一個人好比一條船，無論大小，都必須隨時知道自己處在什麼方位，載重幾噸，航速多少。所以說，做人要善於剖析自己，只有當他正確地認識自己的才能和價值時，才能在各種條件下，特別是在不利和艱難的條件下，勇敢奮鬥，顯示和發揮自己的才能，對社會盡責。

人貴有自知之明，我們應該認清自己的弱點和短處。避免去做那些勞而無功、力不從心的事。既不要妄自菲薄，也不要自吹自擂，更不能過高地估價自己。

人應該取法於大自然，自然界的水流花開等一切境界都不是刻意追求的結果。這也是一種道的表現，是自然界的規律，我們不能排斥。

第九篇 論世之觀

人生智慧

我們在此不去辯解誰是誰非，只是品味孔子的三句話：「已經做過的事不用提了，已經完成的事不用再去勸阻了，已經過去的事也不必再追究了。」那就是告訴我們，做事情不要被已經發生的相關的事情所困擾，只要是正確的，就要義無反顧地走下去，沒有必要因為做錯了什麼而悔恨，要向前看。

而生活中，有的人對於曾經失去的機會耿耿於懷，每當失意的時候，都會感歎，如果當初我那樣選擇，我現在將是如何如何了。但關鍵是你沒有那樣選擇，關鍵是你已經失掉了那個機會，如果你再自怨自艾下去，你將失掉下一個機會。所以，過去的事情完全沒必要放在心上，你當初那樣做，一定有你那樣做的理由，誰也無法預測將來，不能用你的今天去對比你的昨天，然後讓自己生活在痛苦之中。這兩者之間沒有可比性，對於現實來說，預測永遠都要甘拜下風，你當然不必為曾經的選擇失誤而懊喪傷心。

有一個著名的故事，在一間實驗室裏，保羅・博蘭德威爾博士把一瓶牛奶放在桌子上。學生們都坐在一邊，望著那瓶牛奶。然後，博蘭德威爾博士

【原文】

哀公問社於宰我，宰我對曰：「夏后氏以松，殷人以柏，周人以栗；曰：使民戰栗。」子聞之，曰：「成事不說，遂事不諫，既往不咎。」

【譯文】

魯哀公問宰我，祭祀土地神的牌位應該用什麼木料，宰我回答：「夏朝用松樹，商朝用柏樹，周朝用栗子樹。用栗子樹的意思是說：使老百姓戰慄。」孔子聽到後說：「已經做過的事不用提了，已經完成的事不用再去勸阻了，已經過去的事也不必再追究了。」

忽然站了起來，把牛奶碰到了地上，然後，他在黑板上寫下了一行字：不要為打翻了的牛奶而哭泣。

然後博士說：「你們要永遠地記住這一課，這瓶牛奶已經沒有了，不管你怎麼著急，怎麼抱怨，都沒有辦法再收回一滴。我們現在所能做的，只是把它忘掉，丟開這件事情，只注意下一件事。」

這個故事告訴我們，不要過分地在意已經發生的事情，不要沈湎於曾經的失敗或者不幸中。發生了的事情，你再後悔，再悲哀，都已經無法挽回了，你所能做的就是吸取教訓，重新來過。至於那些失敗也是如此，你想也沒有用，時光不能倒流，你只有做好當前的事情，爭取以後的成功，才是對曾經失敗的最好補救。聰明的人永遠不會坐在那裏為他們的損失而悲傷，他們會很愉快地想辦法來彌補他們的創傷。

論語的人生智慧

第十章
治國之法

古人云:「修身以齊家治國平天下」,可見治國平天下是人生最高的追求。誠然,不可能人人成為治國的棟樑,但我們的事業同樣需要用治國之法去實施管理。古人的治國之法中無不滲透著管理的智慧。

【原文】

　　子謂子產：「有君子之道四焉：其行己也恭，其事上也敬，其養民也惠，其使民也義。」

【譯文】

　　孔子評論子產：「具有君子的四種品德：行為謙遜，尊敬上級，關心群眾疾苦，用人符合道義。」

人生智慧

　　孔子很欣賞子產的「寬猛相濟」的政治遺訓，認為這是達到政治和通的良方。當子產去世的消息傳來時，孔子不禁為之出涕，稱讚子產是「古之遺愛」，認為子產是一位古代政治遺風的政治家。

　　對於子產的政治成就，孔子總結了四個方面，即：為人謙遜，對君主謹敬侍奉，關心民眾的物質生活，役使民眾時也很適宜。當然，繩之以孔學的標準，子產並不是合格的君子之人，所以孔子只能說他在四個方面有君子之德的表現。不過，僅從這四個方面而言，對於當時的大多數從政者來說也已經是可望而不可即的了。與對管仲的看法相比，孔子沒有對子產提出過批評，這也許是說，子產的政治成就和政治作風，如果還有什麼不足之處的話，大概也是時代所限的結果。秦穆公也是一代賢明君主，他不惜紆尊降貴，禮賢下士，就是他用五張羊皮換回百里奚，才在春秋帝業中佔有一席之地。

　　百里奚曾過著顛沛流離的艱苦生活：晉打敗虞國，他這個虞國大夫當了俘虜，後又被晉國將他當陪嫁臣送到秦國餵牛；他逃亡被楚人抓住，被人用五張羊皮買去當奴隸。秦國大臣公孫枝聽到了這個消息，他知道百里奚是個人才，建議秦穆公以五張

羊皮將他贖回,讓他擔任自己的大臣職位。

秦穆公開始反對起用百里奚,因為百里奚是楚人的奴隸,用奴隸為大臣,豈不要讓眾人笑話?可是,在公孫枝的力薦下,秦穆公終於同意用百里奚。百里奚後推舉蹇叔,於是,穆公派使以重金聘請蹇叔,任為上大夫。

秦穆公能用奴隸百里奚,並得百里奚推薦而用蹇叔,的確既能裝糊塗又能知人用人。百里奚是虞國大夫,而虞君用而不聽他言,致虞國滅亡,這是因虞君不知百里奚,故不用其策。晉國俘虜百里奚,卻用他為陪嫁臣,說明也不知百里奚。而楚人用百里奚為奴隸,是把百里奚視為最賤之人了。只有秦穆公慧眼識人,能知百里奚,對他的身分睜隻眼閉隻眼,不以為意,一到便委之國政。

百里奚窮到無飯食而乞食於齊地時,是蹇叔收留了他。世人不知蹇叔賢,而百里奚在蹇叔對他多次規勸中知蹇叔的才能勝過自己,於是向秦穆公推薦,秦穆公不疑,馬上重金聘請。

事實說明:秦穆公並沒有知錯人,用錯人,百里奚、蹇叔為穆公竭智盡力,對秦國政治、軍事、外交工作起了巨大的作用,促使穆公成為春秋五霸之一。這當然與秦穆公謙和的態度分不開。

百里奚到處受辱,到了秦穆公這裏卻得到了萬般寵愛,對這番知遇之恩,他一定要不惜己力,死心塌地了。事實也的確如此。

論語

【原文】

子曰：「晏平仲善與人交，久而敬之。」

【譯文】

孔子說：「晏平仲善於交朋友，交往越久，越受人尊敬。」

人生智慧

晏嬰以剛直不阿、善於周旋而著稱。孔子30多歲時曾出遊齊國七八年，並多次與齊景公交談，與晏嬰也有過交往。晏嬰去世後，當有人問到晏嬰的為人時，孔子說：「晏平仲善於與人交往，相交越久，人們越會敬重他。」

一般來講，與人相交時，短時期的維持比較容易；而處久之後，彼此的優劣都會有所暴露，再交往下去就會有一定的難度。作為政治家的晏子很善於把握與人交往的原則，長處之後不僅不會交惡，還會讓人對他產生敬意，這表現出了一個政治高手的智慧和才能。

齊桓公是春秋五霸中的第一個霸主，他之所以能稱霸，主要原因即是他知人善任，大膽提拔才智人士。

甯戚是衛國人，想到齊國去投靠齊桓公，因路遠家窮，於是租一輛牛車，一路做點小生意，經過千辛萬苦，才到了齊國。晚上他沒錢住旅店，便在齊國城門外躺著，待天明進城。恰逢齊桓公夜間出城迎接客人，隨從很多，手執火把把天空照耀得如同白天，甯戚見了，為了引起桓公的注意，他敲擊著牛角，唱著悲歌。桓公聽了，對他的僕人說：

第十篇
治國之法

「奇怪！此歌者非常人也。」便命令後面的車載著甯戚一起回朝。回到宮內，隨從請示桓公如何對待甯戚，桓公說：「賜給他衣冠來見我。」甯戚穿好衣冠後便來晉見桓公，桓公與他討論治國稱霸之事，在談到治國之道時，甯戚勸他先要統一思想，做好團結內部工作。

　　第二天甯戚拜見桓公，獻稱霸之策。可是，當齊桓公要任甯戚官職時，群臣卻有不同的意見，說：「他是衛國人，衛國離齊國僅五百里，不遠，不如讓人先打聽一下，真賢能的話，再任也不晚。」桓公說：「不行。打聽的話恐怕他難免有些小毛病，因為一點小毛病而忘記人的大用處，是很多人失去人才的原因。而且人本來難以十全十美，用他的長處就行了。」於是重用甯戚，封他為卿。

《孔子聖跡圖》之夢奠兩楹

事實證明，桓公沒有識錯甯戚，他任用甯戚負責農業方面的官職後，「墾田創邑，辟土殖公，盡地之利」，使農業生產大大發展了，國家日富，民裕兵足，為稱霸打下了堅實的經濟基礎。而這也正是因為齊桓公眼糊塗耳糊塗，對人不求全責備所造就的。甯戚則用自己出色的經濟管理才能報效了齊桓公。

　　「久而敬之」另一種解釋，是說與人相交的時間越久，越會對人恭敬有加，不失禮數。這顯然也是高深修養的表現。

第十篇 治國之法

人生智慧

韓非子認為孔子之後儒者分為八派，其中的漆雕氏一派，一般認為即是漆雕開所開創。漢儒王充在《論衡·本性篇》中稱漆雕開的學說是論性情，即討論人性之善惡。韓非子說漆雕氏一派是執著的士人，不屈不撓地堅持政治原則，保持獨立人格，以至於君主們都得以禮相待。《墨子·非儒下》則稱「漆雕刑（形）殘」，對此，一種意見認為漆雕開形象頗惡，一種意見認為漆雕開因受刑而致殘。如果他是具有俠義精神的鬥士，恐怕後一種看法更接近實情。

【原文】

子使漆雕開仁。對曰：「吾斯之未能信。」子說（悅）。

【譯文】

孔子叫他的學生漆雕開去做官，漆雕開對孔子說：「我對這個沒有興趣。」孔子聽了很高興。

《孔子聖跡圖》之不對田賦

當孔子在他50多歲做魯國的司寇時，很想讓這位弟子從政，擔當自己的政治助手，如同子路和冉雍一般。但是，漆雕開本人卻並不喜歡在此時從政，他的理由是——「我對從政還沒有十分的信心」。這使孔子很高興，因為這標誌著漆雕開的誠懇和成熟。

　　英國統帥威靈頓，榮耀和權利似乎永遠都不能誘惑他，他沒有一點個人野心，他僅僅滿足於履行自己的責任。無論在公開場合還是在私下裏，他都只有一個目標，那就是如何最大限度地發揮自己的能力和技巧來服務於他的祖國。

　　他的第一份公職是團部官員，他學會了怎麼去當團長，可是不久，他卻被下調擔任營長，結果他的營成為全軍最守紀律的營。無論命令他做什麼，

《孔子聖跡圖》之觀周明堂

他都精力充沛、準確及時地做好。他把時間管理看作工作中的一部分，積極主動地去做。

他曾說過：「除了我們承擔的責任，世上沒有什麼值得我們留戀，為了完成職責，我們可以勇往直前，奉獻自己的一切。」沒有人能夠像他那樣，從對責任的執著和堅持中享受到無比的快樂，因為在他看來，如果一個人連盡忠職守都做不到，那就更談不上面對千軍萬馬，指揮自如了。

孔子雖然力主君子之行，贊成弟子們的行為儘量貼近現實生活，但他同時也認為，政治是一項神聖的事業，不宜草率從事。如果自己缺乏信心，就不要勉強，否則很可能危害國家和民眾。還有一種看法，認為漆雕開說的是對當時的在位者或現實政治缺乏信心。這種解釋雖有些迂曲，也不失為一種有見地的意見。

論語

【原文】

有子曰：「其為人也孝弟，而好犯上者，鮮矣；不好犯上，而好作亂者，未之有也。君子務本，本立而道生。」

【譯文】

有子說：「如果說一個人的為人，能夠孝順父母，順從兄長，卻喜好觸犯上層統治者，這樣的人是很少見的。如果不喜好觸犯上層統治者，而喜好作亂的人是沒有的。君子專心致力於根本的事務，當根本建立了，治國做人的原則也就有了。」

人生智慧

一個從小孝敬父母的孩子，如果受到良好的教育，將來長大了，做出違法亂紀的事情的可能性不大。這就是教育的社會功能。

在孔子以仁為核心的哲學、倫理思想中，提倡以孝悌作為仁的根本。孝悌與社會的安定有直接關係。孔子看到了這一點，所以他的全部思想主張都是由此出發的，他認為人孝悌就不會發生犯上作亂之事。

自春秋戰國以後的歷代封建統治者和文人，都繼承了孔子的孝悌說，主張「以孝治天下」，漢代即是一個顯例。他們把道德教化作為實行封建統治的重要手段，把老百姓禁錮在綱常名教、倫理道德的桎梏之中，對民眾的道德觀念和道德行為產生了極大影響，也對整個中國傳統文化產生深刻影響。應該說，孝悌說是為封建統治和宗法家族制度服務的，對此應有清醒的認識和分析判別，拋棄封建毒素，繼承其合理的內容，充分發揮道德在社會安定方面所應有的作用。但不能一味強調卑者、弱者、地位低者善侍尊者、老者、地位高者，否則會出現逆來順受的現象，有悖於民主。

家庭是小家，國家是大家。所以自古以來，包

第十篇 治國之法

括儒家在內的很多思想家得出共識，家是國的基礎，治國之前必須先齊家，而且會齊家者能治國。家庭是人的調教之所，如果能夠在家中對父母盡孝，對兄長順服，那麼他在外就可以對國家盡忠，忠是以孝悌為前提，孝悌以忠為目的。儒家認為，在家中實行了孝悌，統治者內部就不會發生「犯上作亂」的事情；再把孝悌推廣到勞動民眾中去，民眾也會絕對服從，而不會起來造反，這樣就可以維護國家和社會的安定。

《孔子聖跡圖》之赦父子訟

【原文】

子曰：「能以禮讓為國乎，何有？不能以禮讓為國，如禮何？」

【譯文】

孔子說：「能夠用禮讓原則來治理國家，那還會有什麼困難呢？如果不能用禮讓原則來治理國家，怎麼能實行禮呢？」

人生智慧

禮的規定是約定俗成的東西，可以用來約束自己的行為，這樣做了，犯錯誤的機會就少了，有人稱為「不為」。不為自然就少犯錯誤了。

依據孔子的教導：謹慎節制，乃是減少錯誤的根本途徑。這種提法有多少正確性，還需要我們去思考。

據《春秋》記載，晉國范文子傍晚了才從朝中回家，他的父親武子問他：「為何回家這麼遲？」文子面帶驕傲的神情說：「有一個秦國賓客，今日在朝中講隱語，大夫中竟無人能回答，我一人就連續回答了其中三條，所以回家晚了。」武子聽後異常生氣：「大夫們不是不能回答，而是表示對長輩父兄的謙讓。你是晚輩，在朝中三次搶先回答，盡想在眾人面前逞能，淹沒了他人的長處。如果不是我在晉國當正卿，大家顧惜情面，你早就無地自容了！」一氣之下，武子要用木杖教訓他，文子馬上向父親誠懇認錯。

武子嚴厲教育自己的兒子，要他懂得謙讓，懂得尊重他人，千萬不要妄自尊大。這一點在今天，也是值得提倡的。

范文子略知一些隱語，就自以為是，不把大夫

第十篇 治國之法

們放在眼中,而作為晉國正卿的武子,並未因自己的權勢滋長兒子的不正之志,而是嚴之以教,用木杖讓他知道日後切莫逞能,要禮讓三先的道理。古人的這些美德,值得我們今天學習和提倡。禮貌謙讓,寬容待人是一個具有良好修養的人應該具備的品質。遇事謙讓他人,不以自己為中心,處處替他人著想。

【原文】

子曰:「以約失之者鮮矣。」

【譯文】

孔子說:「用禮的規定來約束自己,這樣,犯錯誤的人就少了。」

《孔子聖跡圖》之色斯孺悲

論語

【原文】

子曰：「為政以德，譬如北辰，居其所而眾星共之。」

【譯文】

孔子說：「用道德教化來管理國家政事，就會像北極星那樣，自己居於一定的方位，而群星都會環繞在它的周圍。」

【原文】

子曰：「道之以政，齊之以刑，民免而無恥，道之以德，齊之以禮，有恥且格。」

【譯文】

孔子說：「對於民眾，用法制政策來引導，使用刑法來約束他們，老百姓只是為了求得免於犯罪受懲，卻失去了廉恥之心；用道德來教化引導百姓，使用禮制去統一百姓的言行，百姓不僅會存有羞恥之心，而且也就守規矩了。」

人生智慧

儒家的政治理念是典型的道德政治。孔子「為政以德」的思想認為：只要統治者實行德治，群臣百姓就會自動圍繞著你轉。這是強調道德對政治生活的決定作用，主張以道德教化為治國的原則。

當權者只要修養自己的德行，並對天下百姓推行德政，人民就會凝聚在他的周圍，百姓就會萬眾一心。

孔子舉出兩種截然不同的治國方針：法治與德治。孔子認為，刑罰只能使人避免犯罪，不能使人懂得犯罪可恥的道理，而道德教化比刑罰要高明得多，既能使百姓循規蹈矩，又能使百姓有知恥之心。這反映了道德在治理國家時有不同於法治的特點。但也應指出：孔子的「為政以德」思想，一味地反對法治而過分地尊崇德治，則是他政治思想中的一大缺點；重視道德是應該的，但忽視了刑政、法制在治理國家中的作用，效果是不會太好的。

中國古代的思想家很早就頗有見地地提出了「德主刑輔」的治國方略，雖然把「德」、「刑」區分為主、輔關係未必妥帖，但能夠注意到這兩者的珠聯璧合，可以在提高人的素質方面發揮重要作用，實屬不易。

第十篇 治國之法

人生智慧

當今的經理人，似乎不同於當年「君叫臣死，臣不敢不死」的奴才；當今的企業，似乎也不同於一言生死的朝廷。但古往今來，只要自己不是一把手，就要永遠面臨「功高蓋主」與「兔死狗烹」的問題。

《黃石公兵法》中有一項「推恩施惠」的主張，頗有見地。意即：有功勞的時候，要懂得將功勞往上推；有利益的時候，則要懂得施惠給下面的人。這個做法很值得經理人參考。

這裏反映了儒家學派的經濟思想，其核心是「富民」思想，只要百姓富足了，國家就不可能會貧窮。

反之，如果對百姓徵收過甚，這種短期行為必將使民不聊生，國家經濟也就隨之衰退了。這種以「富民」為核心的經濟思想自有其值得借鑒的價值存在。

所以，經理人要懂得「施惠」，將恩惠佈施給下屬。如果你只顧自己享受，下屬會認為：自己為公司做到手軟，卻沒有受到激勵，對組織的向心力自然變得薄弱，對你這個主管也會變得口服心不服。要知道，一個能接近你而又記恨你的部下，無

【原文】

哀公問於有若曰：「年饑，用不足，如之何？」有若對曰：「盍徹乎？」曰：「二，吾猶不足，如之何其徹也？」對曰：「百姓足，君孰與不足？百姓不足，君孰與足？」

論語

【譯文】

魯哀公問有若說：「遭了饑荒，國家用度困難，怎麼辦？」有若回答說：「為什麼不實行徹法，只抽十分之一的田稅呢？」哀公說：現在抽十分之二，我還不夠，怎麼能實行徹法呢？」有若說：「如果百姓的用度夠，您怎麼會不夠呢？如果百姓的用度不夠，您怎麼又會夠呢？」

疑是相當危險的。你可以讓別人推你攀升，也可以讓別人拉你攀升，方法雖然不同，但結果卻是一樣的。因此，把功勞讓給下屬，他獲得成就感的同時，也必然會助你成功。因為你的下一步成功，也就意味著他下一步的成功。何樂而不為呢？

第十篇 治國之法

人生智慧

無論為人還是為官，首在一個「正」字，而且要能夠做到「正人先正己」。只要身居高位的人能夠正己，那麼手下的大臣和平民百姓，就都會歸於正道。

我們中華民族是一個崇尚道德倫理榜樣的民族，「榜樣的力量是無窮的」這句話可以說是膾炙人口。

古有「二十四孝」，今有雷鋒、王杰等，每一代都有被宣傳歌頌的榜樣。

從歷史事實上看，倫理榜樣在社會群體中確實起過重要作用；從價值層面上看，樹立榜樣也確有必要，因為榜樣的行為與精神是時代的精華、未來的方向。

因此，「榜樣的力量是無窮的」這句話無疑具有一定的真理性，因此要不斷發現榜樣，樹立榜樣。

正人先正己也是以德治國的一個重要原則。教育者先要受教育，這是一個普遍原理，而對道德教育尤為重要。

道德，不只是理性的認知，更重要的是情感的體認；它不能停留在道德認識上，更重要的是要體

【原文】
　　季康子問政於孔子。孔子對曰：「政者正也。子帥以正，孰敢不正？」

【譯文】
　　季康子問孔子如何治理國家。孔子回答說：「政就是正的意思。您本人帶頭走正路，那麼還有誰敢不走正道呢？」

現在實踐中的道德行為上。因此，道德教育也不能停留在口頭的說教上，它的根本原則是身教勝於言教，要以教育者的表率作用來影響、感化受教育者。

　　無數事實都已經說明，如果教育者不能身體力行，做出表率，只是口頭說教，那所說的一切都只能是蒼白無力的；而古今的聖賢、英雄人物榜樣的力量則是無法估量的。

〈全書終〉

國家圖書館出版品預行編目資料

論語今用／趙雪章 著 -- 初版 -- 新北市：
新潮社文化事業有限公司，2025.04
　　面；　公分
　　　ISBN 978-986-316-937-6（平裝）
1.CST：論語　2.CST：研究考訂

121.227　　　　　　　　　　　　114001302

論語今用
趙雪章　著

主　　編	林郁
企　　劃	天蠍座文創製作
出　　版	新潮社文化事業有限公司
	電話 02-8666-5711
	傳真 02-8666-5833
	E-mail：service@xcsbook.com.tw
總 經 銷	創智文化有限公司
	新北市土城區忠承路 89 號 6F（永寧科技園區）
	電話 02-2268-3489
	傳真 02-2269-6560
印前作業	東豪印刷事業有限公司
印刷作業	福霖印刷有限公司
初　　版	2025 年 06 月